「食」の図書館

フムスの歴史

HUMMUS: A GLOBAL HISTORY

HARRIET NUSSBAUM
ハリエット・ヌスバウム【著】
小金輝彦【訳】

原書房

目次

[……]は翻訳者による注記である。

序章

初めてフムスを食べたのがいつだったのかは覚えていない。1990年代におもにイギリスで幼少期を過ごした私は、フムスが子どもにとって日常的な食べ物だったヨーロッパの第一世代に属している。私が生まれた年には、最初の瓶入りのフムスもイギリスのスーパーマーケットに並んだ。幼いころはよく、レバノン料理やトルコ料理の店でメゼ［東地中海地方の前菜］を食べたのを覚えている。私の両親が好きだった料理だ。2人とも、短い期間ではあったが中東で学んだことがあり、現地で楽しんだ料理に愛着を持ち続けていた。そのため、のちに子どもたちに教え込んだのだ。私の母も父方の祖母も、クラウディア・ローデンが書いた年季の入った『中東料理の本 *A Book of Middle Eastern Food*』（1968年）を本棚に並べていて、戸棚にはつねにタヒニ［ゴマをペースト状にした調味料］の瓶が置かれていた。

数年後、フムスは学校でときどき出される人気のメニューになった。友人と私は、水曜日のサラダバーで提供されるこのごちそうを待ち焦がれたものだ。このサラダバーがとくに目玉にしていたのは、アボカドとルッコラと刻んだイチゴを混ぜたもの、バターとハーブを添えた新じゃが、干しブドウや炒った種子などの甘くカリっとしたサラダ用トッピングの入ったボウル、そして大きな容器入りのフムスだった。いま思うと、このフムスは冷蔵庫で冷やしたもので、明らかにきめの粗いものだったが、私たちは気にしなかった。フムスは、水曜日以外にいつも出てきたツナマヨネーズや、すりおろしたチェダーチーズとはまったく異なる存在だったのだ。ランチタイムのごちそうと呼ぶにふさわしいほど異国情緒にあふれる一方で、お腹をすかせて列に並ぶティーンエイジャーたちが身近に感じられる食べ物でもあった。

だが、私のフムス好きに磨きがかかったのは、20代の初めに中東を旅行するようになってからだ。私は、大学でアラビア語とヘブライ語を学んでいたときに、言語イマージョン教育の一環で1年間エジプトに移り住んだ。フムスはカイロのいたるところで目にしたが、エジプト人はひよこ豆を使ったコシャリと呼ばれる料理も同じように好む。コシャリとは、野菜を米やパスタやレンズ豆と組み合わせた炭水化物を多く含む料理で、カリカリに揚げたオニオンとスパイシーなソースが添えられている。私がエジプトで出会った最高のフムスは、カイロのガーデン・シティという地区にあるレバノン料理店で出されたものだった。口当たりがなめらかで、しっかりと味のついた料理に、焼き立ての柔らかいフラットブレッドが添えられていた。そのフムスが、その後に私が食べることになるすべてのフムスの基準となった。エジプトでの勉強を終えたあと、私は、レバント地方や地中海東岸を旅して、行く先々でお気に入りのクリーミーなフムスを堪能した。

学位を取得し、オックスフォードからロンドンへと移った私は、すぐにエッジウェア・ロードでフムスを食べる楽しみを見いだした。そこは、ちょっとした中東気分を味わえる場所で、なつかしい匂いや味に満ちていた。もちろん、フムスはロンドンのいたるところにあった。カフェのサンドイッチ、パブの大皿料理、ピクニックパーティー、どのスーパーでも山積みにされているプラスチック容器……。そして、私がレバント料理のレストランで食べたフムスは、たいてい小さな赤い素焼きの深皿の縁に沿って円を描くように盛られ、オリーブオイルとパプリカとパセリを添えられて、フラットブレッドと野菜のピクルスとともに出されていた。だが、スーパーで売っているフムスの場合、ニンジンやポテトチップスなどあらゆるものに瓶から直接ディップして食べるのが普通だった。昔ながらの

商業的につくられたスーパーマーケットのフムス（容器入り）。人気のあるディップ食品。

レバントのフムスは、4つの主要な原料（ひよこ豆、タヒニ、レモン、ニンニク）だけでつくられていたが、容器詰めのフムスにはエンドウ豆からペリペリ［小さくて辛みのある唐辛子］まであらゆるフレーバーのものがあった。

フムスとフムス文化に対する私の愛情は、イスラエル人のパートナーに出会ったことでさらに強固なものになった。彼が私に最初に捧げてくれた賛辞の1つは、私がプロ顔負けの手つきで上手にピタパンでフムスをすくいあげるというものだ。私たち2人は、よくべルリンの自宅から、一緒に小さなアラブ・レストランにフムス料理やムサバハ（丸のままのひよこ豆を添えた温かいフムス）を食べに出かけては、オリーブオイルとザータル［中東の伝統的なミックススパイス］を添えたフラットブレッドのトーストを注文した。あるいは、近所にたくさんあったアラブ食料品店の1つで買ったレバノン産のタヒニと、一晩水に浸してふやかしてあったひよこ豆を使って、自宅で新鮮なフムスをつくることもあった。ロンドンでそうだったように、ベルリンのスーパーでもフムスは手に入ったが、やはり本物とは比べ物にならないという理由で買うのをやめてしまった。それに、私はすでに、フムスを食べに出かけるというレバント地方の基本的な習慣がもたらす喜びを知ってしまった。できたてのフムスを食べに行くというささやかな贅沢は、夏の日の午後にアイスクリームを味わうために散策に出かけるのとどこか似ている。単なる品質の問題ではなく（品質は重要ではあるが）、フムスと密接に結びついた雰囲気や環境を身近に感じられるのだ。たとえどんなにおいしいアイスクリームでも、自宅で容器からそのまま食べたとしたら、それほど感動しないだろう。

私には2人の子どもがいるので、急いでフムスをつくりたいときは、ためらうことなくひよこ豆の瓶や缶を開けている。だが、余裕があるとき（そして忘れなかったとき）は、

ベルリンにある伝統的なレバント料理のレストラン。ここでは、ほかのメゼ料理と一緒にフムスを食べることができる。

大きな容器入りの乾燥ひよこ豆を、寝る直前に水に浸すことにしている。それは、翌朝のためにビルヒャーミューズリー［オートミールにドライフルーツ、ナッツ、種子類などを混ぜ合わせ牛乳やヨーグルトなどをかけたもの］をボウルに準備したり、サワードウブレッド［自然発酵させた酵母を使用した酸味のあるパン］を冷蔵庫に入れて一晩発酵させたりするのと同じで、最高のスロー・フードなのだ。15分で手早く夕飯を用意することも多い生活において、一日がかりの準備が必要な料理には大きな楽しみがともなうものだ。

フムスは、多くの意味ですばらしい料理だ。栄養価が高く、食べ応えがあり、調理法が多く、安価で、日持ちがする。まともなミキサーやフードプロセッサーを使えば、下ごしらえも非常に簡単で、つけ合わせがなくても健康的な食事となる。だが、お好みならば、一緒に食べるつけ合わせはいくらでもある。あらゆる穀類や野菜がフムスに合うと言ってもいいくらいだ。フムスをディップと呼び続けるのは不当なことだろう。フムスは、植物由来のタンパク質、炭水化物、不飽和脂肪酸《ヘルシーファット》、そして豊富なミネラルの優れた供給源だ。まさに現代の必需品であり、幸いなことに味もおいしいときている。

もしあなたが、スーパーで売っている容器入りのフムスしか食べたことがないのなら、まずは伝統的なレバントの方法でつくったできたてのものを味わってみることをお勧めする。そのあとで、もし気が向いたら、自宅で自分だけのフムスをつくってみてはいかがだろうか。そして、あなた自身のフムスの好み——味、食感、温度、トッピング——について、身近な人たちとじっくり話し合ってみるのもいい。フムスを食する際のもうひとつの楽しみは、なんといってもフムスについて話すことだからだ。

乾燥ひよこ豆は、調理の前にボウルに入れて水に浸す。

第*1*章◉ひよこ豆とタヒニの出会い

「フムス *hummus*」という単語（英語では「フマス *houmous*」や「ホモス *hommos*」と表記されることもある）は、アラビア語の「フンムス」という言葉からきていて、もともとは「ひよこ豆」を意味する。中世以前にひよこ豆をベースにしたディップやペーストといった調理法があったという歴史的な証拠はないが、古代より中近東においては、ひよこ豆が広く栽培され、さまざまなかたちで食されていたと思って間違いない。栽培されるひよこ豆は、植物学上の学名を*Cicer arietinum*という小さな顕花植物から取れる食用種子だ。この植物には、デーシー種とカーブリー種という2つの種類がある。デーシー種は、南アジアと東アジアが原産で、種子は小さくて黒褐色をしている。一方、カーブリー種は、よ

地中海盆地。フムスは地中海東岸地方の郷土料理だ。

り粒が大きく明るい色をしていて、西アジア（地中海地域を含む）が原産地だ。どちらの種も一年生植物で、年に一度ひよこ豆が収穫される。ひよこ豆は、大豆、ピーナッツ、アルファルファとともに、ファバセアエまたはレグミノサエとして知られるマメ科植物に属している。

　考古学上の発見によると、野生のひよこ豆が最初に農作物として栽培されたのは、およそ7000年前の北東地中海地域（現代のシリアとトルコ）でのことらしい。この初期の栽培化が、この地域の人口増加に多大な影響をもたらしたのは、ほぼ間違いない。ひよ

フムスの主要な原料であるひよこ豆

コンスタンティーノ・サバティ『ひよこ豆 Chickpea』（学名：*Cicer sativum / arietinum*）の手彩色の版画　ジョルジオ・ボネリ、ニッコロ・マルテッリ『ローマの庭園 *Hortus Romanus*』vol. vii (1793) より。

こ豆は、小麦や大麦といった地元で栽培されている穀類と一緒に食べられる、素朴で、手頃で、タンパク質を多く含む食材となった。そして、栽培作物として、近東から、中東、南アジア、北アフリカといった他の地域へと広がっていった。青銅器時代（紀元前4〜2世紀）までには、西のギリシャから東のインドまでの地域全体で栽培されるようになっていた。その後、ひよこ豆の栽培は、イタリア、フランス、スペインをはじめとするヨーロッパ本土へと伝わっていった。

古代エジプト、古代ギリシャ、ローマ帝国では、ひよこ豆は、手に入れやすく、広く消費され、さまざまな方法で調理される、大衆的な食べ物だった。最も簡単な調理法としては、生のまま塩で味つけするか、炒って食べることができた。古代では、ひよこ豆を夕食後に食べることが多く、古代ギリシャの哲学者であるプラトンやソクラテスも、その栄養面での効能を称賛していた。ローマ帝国時代の作家や医師たちも同様に、ひよこ豆を摂取することで得られる恩恵の数々について言及している。ガレノスは、紀元2世紀の著作のなかで、ひよこ豆は非常に栄養価が高い（他の豆類よりも）と主張しており、それを食べることで精子の量も増えるとまで主張した[1]。また、乾燥させて粉末にしたり、スープにしたりして摂取されていたという記述もある。古代末期から中世にかけて、南ヨーロッパで

アレクサンドロス大王とロクサネの結婚の祝宴を描いた、14世紀ギリシャの写本の細密画。

広く摂取され続けたこのマメ科の植物は、16世紀になると、スペイン人やポルトガル人によって、南北アメリカ大陸へと運ばれた。今日、ひよこ豆は、主にインド、オーストラリア、アメリカ、トルコで生産され、世界中で食されている。素朴ながら栄養価の高いこのマメ科植物は、世界各地のさまざまな料理に欠かせない重要な食材だ。

ひよこ豆をすりつぶしてつくるこの人気料理の正式なアラビア語名称は、「フムス・ビ・タヒナ *hummuṣ bi-ṭaḥina*（ひよこ豆とタヒニ）」というが、それは、ひよこ豆とタヒニがこの料理の2つの主要な原料だからだ。タヒニは、挽いたゴマからつくる脂っこいペースト状のもので、中近東の調理法において、多くの料理やサラダやソースの味つけに使われている。その名前は、「挽く」を意味するアラビア語の「タハナ」という動詞に由来しており、世界の多くの地域では、レバント地方で話されているアラビア語の最終母音の発音（と、同じ単語を使っているギリシャ語）に従い、「タハナ」よりも「タヒニ」として知られている。ゴマとゴマ油は、レバント地方に限らず広い範囲で昔から使われていて、その使用を示す考古学的および文学的な証拠が各地で見つかっている（古代のインド、エジプト、近東だけでなく、古代ギリシャやローマ帝国でも食されていたことがわかっている）。最初にゴマを挽いてペースト状にしたのが、いつ、どこでのことだったのかは正確にわか

ひよこ豆を摘み取っている農民。中世の健康全書（*Tacuinum sanitatis*）の14世紀の写本より。

っていないが、タニヒが少なくとも紀元後10世紀以降、人気の食材だったことは判明している。

最もシンプルなフムスは、ニンニク、レモン汁、ひとつまみの塩、それに仕上げにふりかけるオリーブオイルがあればつくれる。ニンニクは数千年ものあいだ、中近東の料理で使われてきた。ニンニクの使用を必要とする最古のレシピの1つが、紀元前1750年頃にさかのぼるバビロニアの粘土板に残されている。このレシピでは、ミートパイをつくるのに砕いたニンニクを使っている。ニンニクは、古代のエジプト人、ギリシャ人、ローマ人にも人気があり、体力増強のために奴隷や競技者や兵士に与えられていた。

一方、レモンがレバント地方の台所に登場したのは、もう少しあとのことだ。レモンに言及した最初の文献は、紀元後10世紀に書かれたアラビア語の文書で、そこにはレモンの木が寒さに弱いと記されている。この果実は、シトロンや何種

ゴマをすりつぶして、フムスに欠かせない要素のタヒニをつくる。

類かのダイダイとともに、インド原産である可能性が高い。インドを出たこれらの柑橘類は、まず海を渡って西へと移動し、インダス渓谷を通ってメソポタミアに運ばれたと思われる。レモンが地中海沿岸で広く栽培されるようになったのは、イスラム帝国がこの地域で勢力を拡大したあと（紀元後7世紀以降）のことだ。

フムスに添えるオリーブオイルは、最も定着した地中海地方の主要産物であり、これにパンとワインを加えたものが、地中海の3大食品と呼ばれている（オリーブと小麦とブドウが、この地域で大いに普及している農作物であるためだ）。ひよこ豆と同じように、オリーブははるか昔からレバント地方の食文化の一部となってきた。これから見ていくように、フムスの主要な原料はすべて、遅くても紀元後10世紀以降はこの地方で手に入るようになっている。だが、それらを一緒に使って現在のようなフムスをつくっていたことがわかるのは、はるかにあとのことだ。

こうした証拠があるにもかかわらず、フムスの起源はさらに古いと主張する人々がいる。2007年、イスラエルの作家メイール・シャレブは、「フムスは私たちのもの *Hahummus hu shelanu*」と題するヘブライ語の記事を発表して、聖書の時代にフムスが存在していたと訴えた。シャレブによると、『ルツ記』にはフムスに言及した箇所がある。

中東の食料品店に並ぶ、さまざまな種類のタヒニ。

ある物語のなかで、聖書の登場人物であるボアズが、ルツにひと切れのパンを「*homeṣ*」に浸して食べるよう勧めている。この言葉は、新共同訳聖書では「酢」と訳されていて、現代ヘブライ語でも「酢」を意味している。正確にいうと、彼らはパンを古代のフムスに浸していたのだ、というのがシャレブの考えだ。

　現代ヘブライ語の話者たちは、文脈によっては、ひよこ豆やフムスの意味で「*hummuṣ*」という単語を使う。だがこの単語は、比較的最近アラビア語から取り入れたものだ。代替語である「*himṣa*」は、ヘブライ語ではかつて「ひよこ豆」の意味で使われていた。シャレブは、「*hummuṣ*」と「*himṣa*」と「*homeṣ*」はすべて、「*h-m-ṣ*」という同じ3文字の語根をもっていると主張しており、そこからさらに、ボアズとルツがパンを浸していたのは酢ではなくフムスだったという説を唱えている。ひよこ豆がすぐに酸っぱくなる（そのため、酢やほかの酸っぱい食物の味がする）ことに着目して、それらの意味を結びつけ、ヘブライ語の名称が生まれたと主張しているのだ。

　こうした単語同士の関連性はあるものの、通常はワイン酢を意味する「*homeṣ*」が、『ルツ記』においてフムスとなんらかの関係があると見なす根拠は何もない。まず、この文脈では、それが純然たる酢そのものを意味するのではなく（パンを酢に浸す食べ方は、それ

ルツとボアズを描いたタッデオ・クリヴェッリの彩飾。ボルソ・デステの聖書 c. 1455-61から。

ほど食欲をそそらない）、酢や実際にはほかの酸味があったり発酵したりしている食物で味つけされるか漬けられた食べ物を指していると考えたほうがいいかもしれない。さらに、『ルツ記』では「*homes*」が「ひよこ豆」の意味をもっていないとしても、聖書の時代に食されていたのは確かなので、ひよこ豆がフムスと似た方法で調理されていたはずだと主張する根拠にはならない。

たしかにルツとボアズは、揚げたてのファラフェル［中東風ひよこ豆のコロッケ］を盛った皿を縁取った、挽いたひよこ豆、タヒニ、レモン、ニンニクを混ぜたなめらかでクリーミーなペースト状のものにピタパンを浸したわけではなかった。現代のフムスを古代イスラエルに結びつけようというシャレブの試みは、確実にフムスの所有権をめぐる21世紀の論争の一部になっている（だが、その話はあとでもう少し詳しく説明する）。

ひよこ豆とタヒニを混ぜるというシンプルな調理法は、もともとは肉の代わりに豆類を使う方法として発達してきたのかもしれない。四旬節《レント》のあいだ、レバント地方に住む多くの宗派のキリスト教徒たちは、すべての動物性食品を断《た》っていて、それが中近東における最初のヴィーガンメニューを生みだした。作家で食物史家であるチャールズ・ペリーは、ひよこ豆とタヒニの組み合わせは、四旬節の断食期間にキリスト教のコミュニティによっ

て用いられたのが最初かもしれないと示唆している。(2)

ペリーが指摘しているように、タヒニは、10世紀頃から人気のある食材で、肉料理の味つけによく使われた。キリスト教徒は、普段から肉にしているように、四旬節に食べるひよこ豆料理にもタヒニを加えたのかもしれない。だが、そうした料理は、提供の仕方や食べ方がフムスとは大きく異なっていた可能性がある。肉の代用品としてのひよこ豆は、ソースとなるタヒニを加えることで、ちょうど食べやすくなったのかもしれない。その場合、ひよこ豆をすりつぶしてタヒニやほかの食材と組み合わせることで、フムスづくりに向かう第2段階へと進んだと考えられる。

以下に挙げた中世アラビアのレシピによると、(遅くても)13世紀と14世紀には、ハーブ、スパイス、ナッツを豊富に含む、手が込んでいて風味豊かな調理方法が存在した。この意味では、中世のすりつぶしたひよこ豆の料理はフムスに似ているが、その見かけや味は大きく異なる。最終的には、料理方法が変わったので、裏ごしされたひよこ豆とタヒニの組み合わせは、わずかな材料しか必要としない、はるかにシンプルなものになった。

ひよこ豆とタヒニを使った中世の料理に関する最古の文献は、それぞれ13世紀と14世紀にさかのぼる2冊のアラビア料理の本だ。アラビアの文献には、中世の料理本がとりわけ

スパイスは、中世アラブの宮廷料理で人気のある添加物だった。

豊富で、現存する最古の本は10世紀にさかのぼる。これらのレシピ集は、主として当時はやっていた人気のある料理を記録するために編集されたものだ。レシピを記録する習慣は、ペルシャの貴族文化から取り入れたと考えられている。この貴族文化は、紀元後750年から1258年まで統治した、バグダッドのアッバース朝の宮廷文化に多大な影響を与えた。ペルシャは7世紀にイスラム軍によって征服され、サーサーン朝とゾロアスター教の普及に終止符が打たれた。だが、ペルシャ語は、主流言語として生き残った。実際には、イスラム勢力が覇権を握った最初の1世紀のあいだに征服された多数の領土のなかで、アラビア語を借用しなかったのはペルシャ語だけだ。中世イスラム世界の優雅で洗練された料理は、ペルシャの食べ物から多くの着想を得て、人気のあるペルシャの食材と風味の組み合わせを取り入れている。さらに、中世のイスラム帝国は広大で、イベリア半島、北アフリカ、地中海の多くの島々、アラビア半島、シリア、メソポタミアを併合していた。これは、食材の取引だけでなく、人の移動とそれにともなう料理の習慣や地方のレシピの伝播という文化交流の機会を際限なく生みだした。

アッバース朝におけるアラビアの料理本の編纂と並んで、伝統的に最も尊重され洗練されていたアラビア文学の形式である詩をはじめ、食物というテーマを追求した文学形式がほかにもいくつかある。これに加えて、中世のアラビアの作家たちは、さまざまな食物が人体におよぼす影響に関する医学書も数多く書いている。総合的にこれらの作品は、アッバース朝時代に、食物や食事や食文化に対する強い関心があり、それは当時、世界で並ぶものがなかったことを示唆している。

初期のアラビアの料理本に記録されている宮廷料理については、食物史家のクラウディア・ローデンが『新・中東料理の本 *The New Book of Middle Eastern Food*』（1985

年）のまえがきのなかでわかりやすく説明している。ローデンによると、アッバース朝時代の宮廷料理は、米や砂糖といった、ほぼ上流階級だけが食べていたとりわけ高級な食材を使っていた。そのうえ、ひよこ豆やそのほかの豆類のような素朴で日常的な食材を使う場合でも、ナッツ、スパイス、肉のような贅沢な食材を加えることで、料理を豊かで手の込んだものにしていた。さらに、こうした料理を調理する際に使われる技法も、食物を貯蔵したり砂糖漬けにしたりと、洗練されたものだった。初期のフムスのレシピでは、ひよこ豆をすりつぶすか挽いてなめらかなペースト状にすることで、素朴な食材を、より手の込んだ技術を用いて調理していた。

　中世の宮廷料理は見栄えも重要で、料理ごとに適切で正しい提供方法があった。初期のフムスのレシピに関しては、オリーブオイルという伝統的な調味料に加えて、多くの異なるつけ合わせを料理に添えるものもあった。この時代の宮廷料理のレシピは、おおむね手間がかかるという特徴がある。今日の高級フランス料理《オート・キュイジーヌ》で好まれるような、少数の上質な食材を際だたせるシンプルな味つけはまったくはやっていなかった。

　シリアとエジプトで書かれた2冊の中世アラビアの料理本には、ひよこ豆とタヒニにさまざまなナッツやスパイスを組み合わせた、フムス・カサ（キサの場合もある）として知

1224年にバグダッドで編纂された医学書に、ハチミツと水からつくる虚弱体質を治す薬と、絞ったブドウ、にがり、タマネギに似た薬草でつくる消化薬についての記述がある。

られる料理のレシピが載っている。カサ（あるいはキサ）という言葉は、「外被」と訳されることがあり、この名前は料理の粘度の高さを反映したものかもしれない。種々の食材で味つけされたひよこ豆のペーストほどなめらかなディップではなかったのだ。これは、当然ながらフムス・ビ・タヒナ（*hummuṣ bi-ṭ ahina*）とはずいぶん違う料理となったが、それでも、この食材のこの組み合わせについて最初に書かれたものだ。さらには、料理の提供法に関する指示が、この種の料理がフムスの前身であることを示唆している場合もある。多くの中世アラビアのレシピがそうであるように、料理のいくつかの要素は、現代の料理に見られるものと似ている一方で、かなり違うと思える場合もある。

　最初のレシピは、13世紀に書かれた『最高の料理とスパイスの説明のなかで人気のあったものとの関係についての本 *Kitāb al-Wusla ilā l-h abīb fī wasf al-tayyibāt wa-l-tīb*』（アラビア語のタイトルの方が韻を踏んでいて、はるかに印象的だ）に載っている。この本は、シリアのイブン・アル＝アディム（1192〜1262）という人物により、アイユーブ朝の末期かマムルーク朝の初期（どちらの王朝もエジプトとレバントを統治した）にかけて編纂されたと考えられている。この料理本は、起源の異なるレシピに言及していることから、宮廷料理が混ざり合った多元的な社会状況のもとで書かれたことがわかる。この本は、チャールズ・ペリーによって『宴会の客が好む香りと味 *Scents and Flavors the Banqueter Favors*』というしゃれたタイトルで英語に翻訳されている。そこには、タヒニ、酢、砕いたクルミ、レモンジュース（レモンピクルスのみじん切りと一緒に）、生のパセリとミント、オリーブオイル、さまざまなスパイス——コリアンダーシード、キャラウェイ、シナモン、コショウ、ショウガといった——と合わせたすりつぶしたひよこ豆を使うフムス・キサのレシピが載っている。この料理には、ピスタチオ、オリーブオイル、パセリ、シナモン、ローズヒップ、丸のままのひよこ豆が添えられ、スライスしてパンにのせて食べるために一定の粘度が必要だった(3)。

当然ながら、フムス・キサのレシピには、今日食べられているようなフムス・ビ・タヒナにはない多くの材料が含まれている。また、ここで挙げている中世のレシピのすべてがそうであるように、ニンニクは入っていない。ニンニクがこの地域で昔から使われていたという事実があるにもかかわらず、である。さらに、説明されている食感は、私たちが今日食べ慣れているフムスとは違って、すくったり塗ったりするよりも「切り取る」ほうがふさわしいくらい粘度があった。こうした違いはあるが、すりつぶしたひよこ豆、レモン、タヒニ、それに欠かせないつけ合わせであるオリーブオイルと丸のままのひよこ豆という、フムスに欠かせない要素の多くがそろっている。

チャールズ・ペリーは、14世紀の『なじみのある食物の説明 *Kitāb Wasf al-At'ima al-Mu'tada*』の翻訳も担っている。この本には、エジプトのフムス・カサのレシピが載っている。イスタンブールのトプカプ宮殿に保管されている写本によると、書き上げられたのは1373年11月30日のカイロだ。このレシピ集はさまざまな情報源を利用していて、昔のアラビアの料理本から取り入れたレシピに手を加えている。フムス・カサのレシピは、前述したシリアの本に出てくるものと似ていて、

中世のひよこ豆料理に使われたハーブのルー。

すりつぶしたひよこ豆、タヒニ、酢、レモン、ナッツ、ハーブ、スパイスからなる粘度が高いかためのペーストと書かれている。このレシピでは、原料を混ぜ合わせたものを平らに伸ばしてから一晩寝かせることを推奨している[4]。シリアのものと比べると、タイム、ヘーゼルナッツ、アーモンド、オリーブを加えるといった細かな違いがいくつかあるものの、完成品は全体的に驚くほど似ている。

もうひとつの13世紀の本『さまざまな食事構成のための有用なアドバイスの宝庫 *Kanz al-Fawāʾid fī tanwīʿ al-mawāʾid*』は、マムルーク朝統治下のエジプトで編纂された。この本にも同じように、地理的に離れた地域のレシピが豊富に（地方のエジプト料理の数々とともに）載っている。そのなかでは、裏ごしされたひよこ豆に、タヒニやナッツは入れないものの、多数のハーブとスパイス、酢、レモンピクルスを入れる、やや簡易版の料理も紹介されている。この中世特有のひよこ豆料理に追加で必要なのは、刻んだヘンルーダだけだ。ヘンルーダは、古代末期と中世に、料理と医療のために広く使われていた。

このレシピは「シナモンとショウガを加えたひよこ豆のピューレ」として、リリア・ガウアリの『イスラム世界の中世料理 *Medieval Cuisine of the Islamic World*』のなかに登場する。すりつぶしたひよこ豆を（必要ならば）裏ごししてきめの細かいピューレをつくり、必要なものを混ぜてから最後に良質のオリーブオイルで味つけをするというものだ。[5]

この中世の料理は、このように、食感、粘度、提供の仕方の点で現代のフムスに近いように思えるが、タヒニという重要な要素を欠いている。しかし、その点では、ひよこ豆にレモン、ニンニク、クミンは加えるがタヒニは使わない、エジプトなどで食されているひよこ豆のピューレを使った別の料理にいくらか似ている。作家のコレット・ロサントは、食の回想録『ナイルのアプリコット *Apricots on the Nile*』（2001年）のなかでこの簡易版のフムスについて述べていて、クラウディア・ローデンも同様に著書『中東料理の本 *Book of Middle Eastern Food*』のなかで言及している。前述したフムス・カサのレシピのように、シナモンとショウガを加えた中世のひよこ豆のピューレは風味が豊かだが、ロサントとローデンが説明しているひよこ豆のピューレはきわめてシンプルなものだ。この3つの中世のレシピから、ひよこ豆のピューレを使った手の込んだ複雑な料理がかつては人気を集め、流行していたことがわかる。時がたつにつれて、複雑な風味はシンプルなものに取って代わられ、ニンニクが好んで加えられるようになり、私たちの知っているフムスが生まれたのだ。

食物史家にとっては残念なことに、アラビアの料理文献に対する情熱は、いわゆるイス

ラシード＝ウッディーン・ハマダーニーが14世紀にまとめた歴史書の挿絵。
1258年にモンゴルがバグダッドを攻撃したときのようすを描いている。

ラム黄金時代が終わると、その後の数世紀で薄れてしまった。１２５８年にバグダッドを略奪し征服したモンゴル軍は、この街の書籍や図書館を破壊した。料理本を執筆するという文化が本格的に復活したのは現代になってからで、それまでの数世紀間の文献情報は限られている。実際、現存する文献情報には、原材料のリストを提供するだけで、つくられていた料理についての説明がないものが多い。関連資料が見つからない以上、フムスらしき料理がいかに発展してきたかを時系列に沿って追跡することは不可能だ。

正確な起源は定かではないものの、今日私たちが知っているフムス・ビ・タヒナが生まれたのは、おそらくフムス・カサの最初のレシピが記録されてから数世紀後、レバント地方がオスマン帝国の支配下にあった時代のことだ。チャールズ・ペリーは、レバント地方における伝統的なフムスの提供の仕方——赤い素焼きの小さな深皿の縁に盛る方式——は、

エジプトの木片。12-15世紀。ひよこ豆、小麦、わらの売上を記録するのに使われた。

フレデリック・レイトン『旧ダマスカス、ユダヤ人地区 *Old Damascus – Jews' Quarter*』または『レモン集め *Gathering Citrons*』。1873-74年、油彩、カンヴァス。

フムスは伝統的に、赤い素焼きの深皿の縁に沿って円を描くように盛り付けられる。

フムスが当初、ベイルートや（ペリー自身の考えでは）ダマスカスのような都会で暮らす支配階級のためにつくられたことを示していると述べた[6]。ペリーが指摘したように、18世紀のダマスカスは上流階級のエリート層が住む大都市であり、最初は彼らのためにそうした高級料理がつくられたのかもしれない。

伝統的な素焼きのフムス皿は、食べる人がフラットブレッドやほかの食材を使って食べやすいようにつくられているが、フムスがまさに適切な粘度でつくられていることを料理人がはっきり示せるようにもなっている。かたすぎると皿の縁をなめらかに覆えないが、あまりに水っぽいと中央へとしたたり落ちてしまう。この意味で、フムス・ビ・タヒナはこの地方（とくに農村地域）の民族料理とは似ていない、より洗練された優雅なものだ。

フムスの最初の一皿が正確にはどこでいつ出されたのかは別として、はっきりしているのは、この2つの主要な食材の組み合わせが何世紀にもわたってすでに食されていたことだ。13世紀から18世紀のあいだのどこかで、スパイス、ハーブ、ナッツ、酢に代わってニンニクが使われるようになり、ふんわりしたクリーミーなひよこ豆のピューレが、中世のよりかたいペーストに取って代わったのだ。フムスはひとたび人気が出ると、急速に周辺地域に広がり、レバント地方と、やがては地中海東岸地方の全域で食文化に取り入れられていった。

第2章◉家庭のフムス

フムスは地中海盆地の東端、つまりエジプトからヨルダン、イスラエル、パレスチナ、シリア、レバノン、そして生産量は少し減るがトルコ、ギリシャ、キプロスでつくられている。シリア人シェフのムハマド・オルファリは、フムスが「中東の食べ物」だという説明は、フムスの本当の姿を捉えていないと考えている[1]。オルファリは、どちらかというとフムスを、地中海、トルコのトロス山脈、メソポタミア、アラビア砂漠に囲まれたレバント地方の食べ物だと述べている。レバント地方は、現在のシリア、レバノン、パレスチナ、イスラエル、ヨルダンにあたる。フムスを中東の食べ物だと説明した場合、問題なのはフムスが実際よりもはるかに広い地域でつくられていることになり、文化的に（地理的にではなくても）北アフリカだけでなくシリアの東部と南東部まで含んでしまうことが多いからだ。フムスは現在、オマーンとモロッコの都会のレストランやスーパーにはほぼ間違いなく置いてあるが、どちらかの国の伝統的な料理ではない。さらに、厳密に言うとレバノンやシリアの食べ物でもない。フムスは、何百年ものあいだレバント地方全域でつくられ食されてきたレバント料理であり、どこか特定の場所のものではなかった。比較的最近取り入れられた（19世紀初頭のヨーロッパによる植民地化の結果として）レバント地方にある国境は、必ずしも料理の線引きをするものではない。レバント地方の料理は密接に重なり合っていて、別の国の都市部の料理同士のほうが、同じ国の都市部と農村地域の料理よりも多くの共通点をもっていることもある。

フムス・ビ・タヒナが最初につくられたのがレバント地方であることは明らかだが、周辺地域との密接なつながりや文化的な交流を考えると、この料理は地中海地域のほかの部分に迅速に広まり、現地の料理のレパートリーに取り入れられたと推測できる。フムス・ビ・タヒナが最初につくられたと思われる18世紀には、地中海東岸の全体が、オスマン帝国の支配のもとで統合された。オスマン帝国のひとつの領土で人気のあった料理を、ほかの領土が取り入れたとしても不思議ではない。さらに、地中海東岸の料理はたいてい、同じ食材や同じ嗜好にもとづく風味があり、似たような穀類、豆類、果実、野菜が使われている。この意味で、フムスは、ブドウの葉の詰め物、タラモサラタ［魚卵を使用したギリシャ風サラダ］、ザジキ［ヨーグルトとハーブを使ったギリシャ風ソース］などと一緒にギリシャの食卓に並んでも場違いではなく、いかにスムーズにギリシャの前菜《メゼ》の一部となったかが容易に見て取れる。

この地域全体で、フムスは伝統的に同じ4つの中心的な食材（ひよこ豆、タヒニ、ニンニク、レモン）を使って調理されているが、フムスそのものは地域によって多少異なることがある。よりなめらかな質感を好む地域もあれば、レモンやニンニクを多めに入れたものや、使用するタヒニの量を増やしてよりクリーミーにしたものを好む地域もある。作家でフードライターのアニッサ・ヘロウによると、シリアの伝統的なフムスにはニンニクが入っていないという。シリアのフムス・ベイルーティだけが、刻んだパセリを加えたニンニク風味の料理となっている(2)。そのうえ、地中海東岸でフムスを調理する際は、ハーブを使ったり、クミンのようなスパイスを加えたりすることがある。トルコのフムスの場合、タヒニの代わりに溶かしバターやヨーグルトも使われる。

伝統的な調理法に従うと、乾燥ひよこ豆は一晩ふやかしてから水気を切り、柔らかくなるまで真水でゆでなければならない。多くの場合、混ぜ合わせる前に外皮も取り除く必要がある。この作業はいささか面倒に思えるが、フムスをできるだけなめらかにするためによく行われている。フランス系シリア人の歴史家であり研究者でもあるファルーク・マルダムベイは、ひよこ豆の皮を除去するかしないかは、フムスの調理における最も重要な問題だと考えている。その一方で、彼は、主要な材料の量や混ぜる順番は、比較的どうでもいいと見なしていて、「中東では誰もが独自のフムスのレシピをもっている。ほかのどのレシピもそうだが、自分たちのレシピが真正とは言いきれない」と述べている。(3) アニッサ・ヘロウも同じように、できるだけクリーミーなフムスをつくるために、ひよこ豆の皮をむくことを推奨している（彼女自身はこの手順を省いていることを認めているが）。ヘロウが勧める方法は、ゆでたひよこ豆を冷水にさらしながら軽くこすって皮を浮かびあがらせ、水と一緒に流すかすくい取るというものだ。「半分だけでも皮をむくことができれば、違いに気づくでしょう」と、ヘロウは述べている。(4) ヘロウは、ひよこ豆に関しては一から調理はせず、保存料を加えていない瓶入りの塩漬けひよこ豆を使っている。多少は高くつくにしても、品質的には同等なものができるとわかっているからだ。

フードライター兼ブロガーのデブ・ペレルマンには、ひよこ豆の皮をむく苦労をせずに、

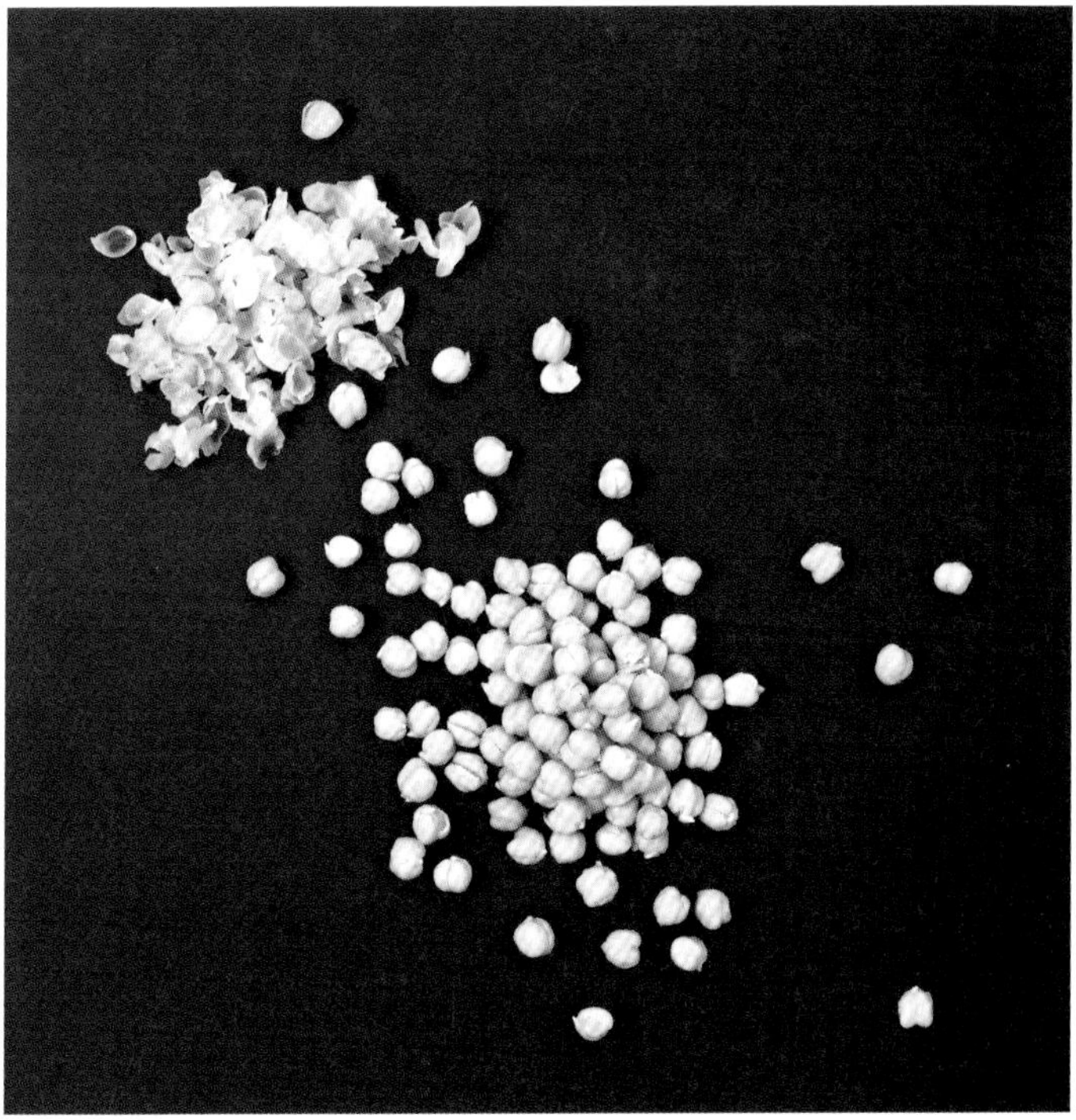

フムスをつくる際は、よりなめらかなピューレにするために、ひよこ豆の外皮を取り除くことが多い。

ひよこ豆は、*Cicer arietinum*という学名のマメ科植物で、緑色のさやのなかで成長する。収穫後はさやごと焙ってもいい。

なめらかなフムスをつくるための独自の解決策がある。それはチャナダールだ。インド食料品店などで購入できるこの挽き割りの乾燥ひよこ豆は、皮がついておらず、ほかのひよこ豆と同じようにふやかして調理するだけでいい。ペレルマンは「わざわざひよこ豆の皮をむくという手順を踏まなくても、同じ結果を得られます。すばらしいことです」と述べている。(5)

皮の有無に関係なく、ひよこ豆はレバント地方の食事の中核をなしていて、シンプルながら不可欠な食材と見なされている。まったくの徒労に終わることを指して「ひよこ豆を1粒も食べずに宴会を

炒ったひよこ豆は、香ばしいナッツや種子の混ぜ物に加えることができる。

あとにした」というアラビア語のことわざがあるほどだ。フムスとファラフェルが世界のほかの地域によく知られている一方で、この地域内では、ひよこ豆をベースにしたほかの料理の数々が人気を誇っている。実際のところ、最も簡単なのは、地元で栽培され収穫されたひよこ豆を、緑色のさやごと炒って食べるというものだ。アラブ系イスラエル人のシエルであるノフ・アタムナ＝イスマイールは、祖母と一緒にひよこ豆を引き抜いたのを覚えている。それを束ねて残り火であぶってからさやを取ると、温かくて柔らかいひよこ豆を食べることができた(6)。あぶって塩味をつけたひよこ豆を、ミックスナッツ、種実類、豆類に加えると、とてもおいしい最高のつまみになる。炒って砂糖をまぶした色鮮やかなひよこ豆（ローズウォーターで風味をつけることが多い）は、レバノン、パレスチナ、トルコだけでなく、イランやアフガニスタンでも人気のあるお菓子だ。

もう少しボリュームのある食事としては、メゼのフムス・バリラが、おそらく最も簡単なひよこ豆の調理法だろう。これは、柔らかくなるまでゆでたひよこ豆を、レモン、ニンニク、オリーブオイル、松の実で味つけしたものだ。ファテット・フムスは、トーストしたり揚げたりしたパンを小さく切って、そこに温かいひよこ豆とヨーグルトをトッピングした人気のレバノン料理で、フレッシュミントや松の実で風味をつけることが多い。ひよ

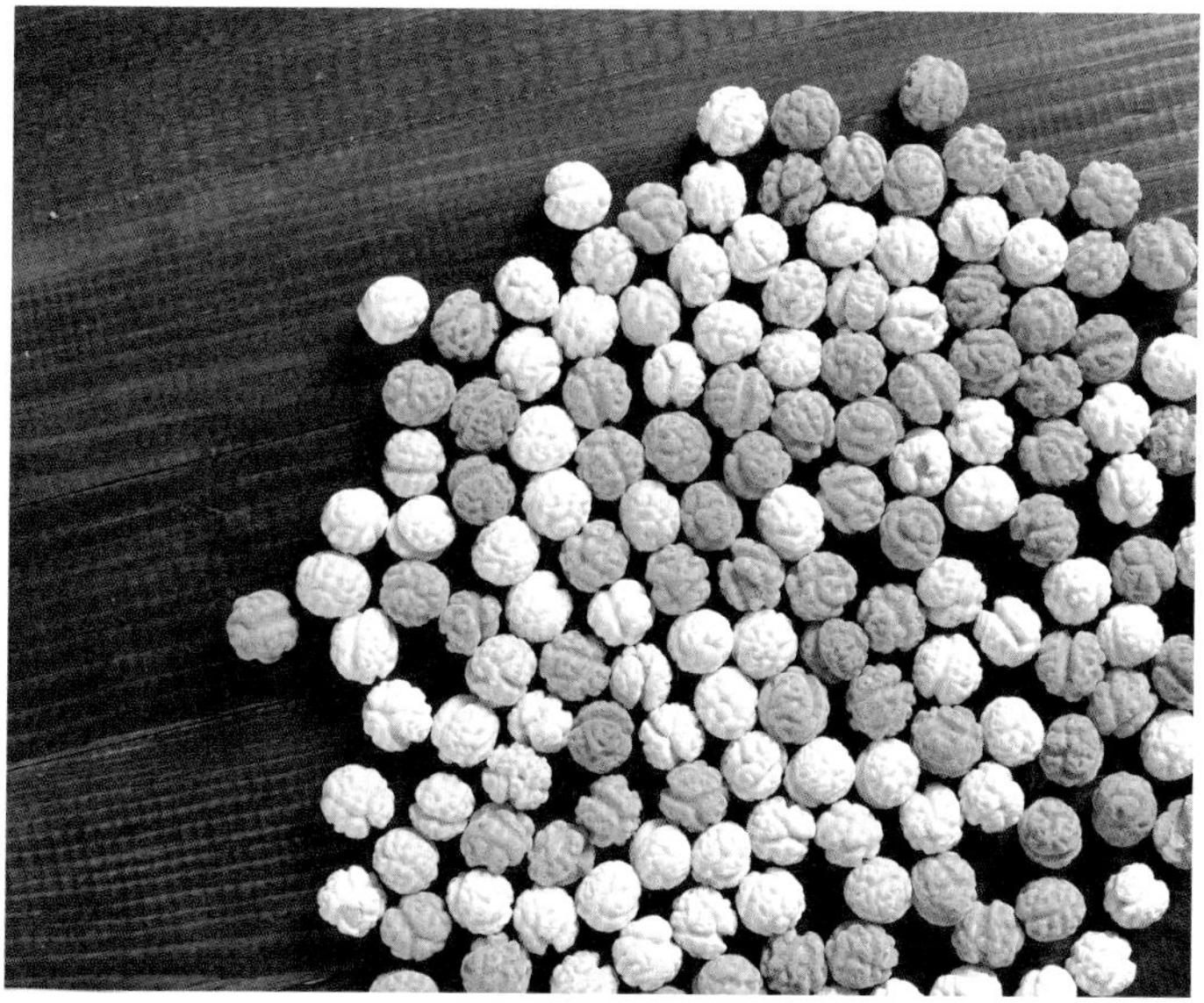

砂糖でコーティングされた色鮮やかなひよこ豆は、中東で人気のあるお祝いの食べ物だ。

こ豆を、米、タマネギ、トマト、スパイスと混ぜたものは、野菜の詰め物（アラビア語でマフシと呼ばれている）の中身としても人気がある。米、ひよこ豆、オニオン、スパイスを混ぜ合わせた風味豊かなものに肉を加えることもある。また、ひよこ豆と肉はそのままで、米の代わりにブルグル（挽き割り小麦）を使った料理もある。スナック、スープ、シチュー、サラダにもひよこ豆は使われる。まさに、レバント料理に不可欠な食材だ。

タヒニは例外なくすりゴマでつくられるが、風味と粘度はものによって大きく異なる。外皮を除去していない自然のままのゴマでつくられるタヒニは、色が濃くて、ナッツバターのように粘度が高く、風味がとても強い。この種のタヒニを薄めるには、かなりの量の水が必要となる。一方、外皮を除去したゴマでつくるタヒニは、色が明るく、もっとオイリーでなめらかだ。後者のほうが、一般的にはフムスをつくるのに適している。皮なしのゴマでつくったタヒニと一口に言っても、フムスの（そしてタヒニの）愛好家たちからするとブランドによってははっきりとした違いがある。フムスをつくる人はたいてい、お気に入りのブランドをもっている。使うタヒニの質と量によって、完成したフムスの風味と食感は大きく変わってくる。ムハマド・オルファリは、シリアで過ごした子ども時代を思い返し、できたてのフムスには「普通」と「絶品」の2種類があったと述べている。(7) 絶品の

ヨーグルトとトーストしたパンでつくる「ファテット・フムス」というレバノン料理にも、ひよこ豆が使われる。

フムスのほうがはるかに多くのタヒニが入っていた。

レモンジュースとニンニクは2つともフムスの重要な香味料であり、ほかのレバント料理でもよく使われる。レモンジュースとオリーブオイルと塩があれば、どんなサラダにも合う人気のドレッシングがつくれるし、レモンピクルスは多くの料理で重要な役割を果たす。ニンニクは生でも加熱した状態でも使われ、スープやシチュー、各種ソース、その他の多くの料理に不可欠な食材になっている。レモンとニンニクは、ひよこ豆を使ったほかの料理に使われることも多いが、タヒニやタヒ

タヒニは、種皮をつけたままのゴマと、種皮を取り除いたゴマでつくられる場合があり、両者は色と風味が大きく異なる。フムスをつくる際は明るい色のものが適している。

ニをベースにしたもの（サラダやソースなど）の香味料にもなる。たとえば、ナスやヨーグルトと合わせられるのが一般的だ。

正式なレシピにはこだわらず、地中海東岸のフムスは、常温のまま（ときには温めて）、焼きたてのパンで皿からすくって食べる。伝統的にはピタでフムスを食べるのが一般的だと思われているが、地中海東岸のパンは、大きさ、かたち、味、食感がさまざまだ。トルコでは、分厚くふんわりとしたパンが好まれるのに対し、エジプトでは中力粉と全粒粉の両方を使った、きめが粗くやや歯応えがあるアエーシ・バラディというパンがつくられている。イスラエルでは、スライスした生の白タマネギがつねに温かいピタと一緒に出され、どちらも皿にたっぷりと盛られたクリーミーなフムスに浸して食べる。食事の最初に出てくるメゼの一部として、レバノン人とシリア人は、生のものとピクルスにしたレタス、ピーマン、トマト、ダイコンといった野菜の大皿を出すことが多い。これらのしゃきしゃきした野菜は、薄く切られてから、フムスやババガヌーシュ［焼きナスとタヒニを和えたもの］のようなディップの小皿に添えられる。そして、レバント地方の多くの地域でフムスが出される際は、塩漬けのピクルスと小さくて苦味のあるオリーブの皿が焼きたてのフラットブレッドと一緒に食卓に並ぶ。

フムスは伝統的に、サラダやチーズ、あるいは小さくておいしいペストリーのような小皿料理のひとつとして扱われることもあれば、メインの食事になることもある。前者の場合は、野菜を使ったボリュームのあるアペタイザーとして、メインディッシュの肉料理の前に出てくることが多い。フードライターで栄養学者のナダ・サレハは、子どものころレバノンの山にピクニックに出かけたときのことを回想している。家族そろって、伝統的なメゼであるフムスのスプレッド、タブーリ［みじん切りパセリのサラダ］、ラブネ（濃厚なヨーグルトで、オリーブオイルとザータルとして知られるスパイスミックスをトッピングすることが多

ふんわりしたトルコのパンに、ゴマとニゲラの種をふりかけたもの。フムスのおいしいお供だ。

い）、オリーブ、パンに加えて、キッベ［ブルグルのなかに挽き肉を入れてつくるコロッケ］や肉のグリルを堪能したようだ。[8]

後者の場合は、できたてのフムスの皿に野菜やパンが添えられる。これだけで、質素ながら栄養たっぷりの朝食（あるいは昼食）のできあがりだ。フムスを専門に出す小さな気取らないレストラン（イスラエルでは「フムシヤ」と呼ばれる）に行けば、そうした食事を取ることができる。レバント地方の多くの国の人々は、朝食にフムスやファラフェルをつくることが多い。とくに金曜日の朝に、週末の始まりを告げる意味で食べられる傾向がある。さらに、フムスとファラフェルの組み合わせは、肉を使っていないため安価でありながら、食べ応えは十分にある。外で食べるにしても自宅でつくるにしても、家族みんなで食べるのにぴったりの食べ物だ。パレスチナ人ジャーナリストのムーサ・タウフィクは、この「風味豊かで手頃な食事」は、夏は冷たいジュース、冬は温かいお茶と一緒に出され、1年を通して食べられると述べている。[9]

たいていのフムスは、ひよこ豆にタヒニとレモンとニンニクを合わせるシンプルな調理法でつくられるが、地中海東岸の伝統的な方法に多少のひねりが加えられることもある。レバント料理は、フムスそのものに味をつけるよりも、フムスに追加の食材をトッピング

レバント地方のフムスは、メゼの一部として食べられることが多い。

フムスとファラフェルを、サラダとソースを添えて皿かパンにのせて出すのが、レバント地方全域で人気のある組み合わせだ。

することで風味を加え、標準的なレシピに簡単な変化をつける傾向がある。伝統的なフムスの提供の仕方は、小さな赤い素焼きの鉢のへこんだ部分を囲むようにフムスを盛って、色、風味、食感のコントラストがつくようにほかの食材を加えるというものだ。レバント料理には、フムスの鉢を飾り立てる人気の方法がいくつもある。

第1に、オリーブオイルだ。オリーブオイルは、おそらく省くことのできない唯一のトッピングで、地中海料理にとってきわめて重要な食材であり、レバント地方のフムス料理に欠かせない香味料なのだ（だが、フムスそのものに混ぜてはいけない。フムスを薄めるには水を使う）。オリーブオイルは、フムスのほかのどんなトッピングとも合わせることが可能だ。フムスの皿のへこみを十分に満たせば、パンでフムスをすくうように、パンをオリーブオイルに浸して食べることもできる。それには一般的に、パンチの効いた風味のいい、緑色のオリーブオイルが使われる。仕上げにコショウをふりかけることがとても多く、それによってフムスに多少の彩りとちょっとした辛みが加わる。

第2に、レバント地方全域で最も人気のあるフムスの出し方のひとつは、メインの材料をトッピングとしても使うというものだ。少量のレモンの味がするタヒニ（ゴマペーストを水とレモンジュースで薄めてつくる）を加えるか、裏ごししてフムスにする前に取り除けておいた丸のままのひよこ豆を散らすのだ。ひよこ豆のトッピングが心地よい食感の違いをもたらし、タヒニを加えることで全体の風味がよりなめらかになる。

第3に、エジプトなどでよく見られるように、風味豊かなシチューや、フール（ソラマメのペースト）がフムスの皿の中央にのせられることがある。このように豆類を組み合わせれば、栄養価の高い立派な食事になる（ランチにフールを食べると、午後はずっと眠くなると言われている）。レバント地方の伝統的なファラフェルはひよこ豆をベースにしているが、ファラフェルのエジプト版ともいえるターメイヤはソラマメをおもな原料としてつくられている。ソラマメはレバント地方でも人気の食材だ。ヤッファ［イスラエル中西部のテルアビブにある地区］にある有名なフムス料理店のアブ・ハッサンでは、フール、タヒニ、ひよこ豆という3つの伝統的なトッピングをフムスに添えたメシュラシュ（ヘブライ語で「三角形」の意）という料理を出している。

第4に、レバント地方のフムスは、ラム肉や牛肉（ひき肉にするか薄くスライスしたもの）にスパイスで味をつけ、松の実を添えたものと一緒に出されることがある。ほかにも、スジュクというスパイシーなソーセージ（たいていは牛肉でつくられる）をスライスしたものをフムスにトッピングすることもある。フムスはもともと簡素なベジタリアン料理なので、肉を加えるだけでいくらか贅沢なものになる。そのため、フムスに肉が添えられるのは、上品かつ厳選されたメゼとして出される場合がほとんどだ。一方、フムスをメインディッシュとして提供している簡素なレストランはベジタリアン向けであることが多い。

第5に、イスラエルのフムスには、4つに切った固ゆで卵が、しばしばタヒニや丸のままのひよこ豆と一緒にトッピングされることが非常に多い。この栄養価の高い組み合わせには、たいていごく少量のスクッグが添えられている。スクッグとは、イエメン系ユダヤ

アラビア語では「フール」という名前のソラマメは、フムス料理の付け合わせとして人気がある。

人によってイスラエルに持ち込まれた非常に辛い緑色の調味料で、唐辛子、コリアンダー、パセリ、ニンニク、オリーブオイル、さらにいくつかのスパイスでつくられる。固ゆで卵は中東全般で朝食によく食べられるが、イスラエル人は簡素な屋台の食べ物にも取り入れている。イスラエルのサビッチ（スライスしたナス、ポテト、卵などをピタに詰めて、タヒニとサラダとアンバ――風味の強いマンゴーソース――を加えたもの）をつくる際も、固ゆで卵は欠かせない。ブレカス（チーズやポテトやホウレン草が入った塩気のあるペストリー）に添えられることもある。

第6に、パセリが挙げられる。フムス料理の仕上げとしてふりかけるのが一般的だが、細かく刻んでフムスに混ぜ込み、なめらかなフムスのアクセントにすることもある。このレバノン特有の料理は、フムス・ベイルーティ（ベイルートのフムス）としてよく知られている。パセリは、レバノンのタブーリという料理の中心的な材料でもある。タブーリは、細かく刻んだハーブ、野菜、挽き割り小麦を使ったサラダで、メゼのスプレッドとしてのフムスと一緒に出されることが多い。

そして最後に、ムサバハ（アラビア語で「泳いでいる」の意）として知られる温かいフムス料理にも触れたい。ムサバハはレバント地方でこそ好まれているが、西洋では実際のところほとんど知られていない。地域によってはマシャウシャ（「ごちゃ混ぜ」の意）と呼ばれるムサバハは、フムスと同じ材料を使うが、調理法が少し異なる。ムサバハの場合、ひよこ豆のほとんどは丸のままで、ニンニクとレモンで味つけしたタヒニがソースの役割を果たす（この料理にクミンとパセリを加えるのがはやっている）。一般的に常温で提供されるフムスとは違い、ムサバハは温かい状態で、伝統的なフムスと同じくパンとピクルスを添えて朝食やランチに出される。

このように、地中海東岸におけるフムスの伝統的な調理法と提供方法は、古典的なレシピからほとんど外れていない。中近東の各地で、人々は数百年にわたってつくられてきたフムスをいまも堪能していて、その調理法やレシピをなんらかのかたちで革新しようとするよりも、オリジナル料理の質を向上させようとしている。このようにオリジナルレシピに忠実なのは珍しいことではない。世界中の料理の多くが、長い伝統をもつ人気料理のレシピを勝手に変えることに抵抗を示しているのだ。さらに、前述した伝統的なつけ合わせが、頻繁にフムスと一緒に提供されたおかげでフムス料理の一部として定着したのは明らかだ。肉もパセリもソラマメも、元来フムスと一緒に、コフタやタブーリやフールなどの料理として食卓に上がっていた。だが、メゼのスプレッドや、中東の朝食の典型的な風味

ピューレ状のフムスであるムサバハは、レバント地方で人気のある朝食だ。

の範囲を超えるようなものは加えられていない。

このひよこ豆とタヒニを使ったおいしいディップが生まれた中心地には、温かい冬のスープやシチューに使うカボチャやレンズ豆はあるが、カボチャやレンズ豆でつくったフムスはない。同じように、中東には甘いもの好きのための菓子はあるが、シュガーシロップで甘みをつけたデザートとしてのフムスに対する需要はない。だが、その日のうちにつくられ、出され、食されるタイプのフムスには、大きな市場が存在する。容器入りのフムスは、地中海東岸全域のスーパーで（世界中のさまざまな地域でも）購入できるが、人々はできたてのフムスを前菜として、あるいは健康的なメインディッシュとして味わうためにレストランへと足を運ぶ。市販のフムスが、本物と比べて見劣りするのは間違いない。伝統的な方法でつくられたフムスには、品質、簡素さ、鮮度だけでなく、料理の主役になる力という決定的な特徴があるのだ。

第3章◉フムスの普及

現代の私たちが知っているように、フムスは地中海東岸地方で昔から食されていたが、20世紀の後半まで西洋世界ではほとんど知られていなかった。ヨーロッパやアメリカの都市にある国際的な区域が、ギリシャ、トルコ、レバノンといった地中海諸国のレストランを通して、この時期にまずフムスを知った。そうしたレストランの多くは、政治不安（レバノン内戦のような）や経済の不安定から逃れてきた中東の料理人やシェフによって、世界中いたるところに開かれた。これらのレストランはもともと、おもに移民コミュニティを対象として、故郷の味を恋しく思う人たちに中東や地中海の伝統的な料理を提供していた。だが、時がたつにつれて、中東料理の香りと味が、料理のアイデアを求めて外に目を向けはじめた西洋の食文化に少しずつ浸透していった。

それと同時に、20世紀後半の西洋におけるベジタリアン運動の高まりによって、フムスは栄養価が高くて健康によい、肉を使わない食品として受け入れられた。さらに、玄米やダールを使った料理と同じように、ヒッピー料理としての評判を確立し、ベジタリアンの新たな波がもたらしたニーズに応えてカフェやレストランで出されるようになった。だが、西洋でフムスを食べる人の数はまだ少なかった。つまり、初期のフムスは、ヨーロッパやアメリカの人々の食生活にほとんど影響を与えなかったのだ。フムスが食べられるのは、地中海風デリカテッセンやベジタリアン・カフェに限られ、平均的なヨーロッパ人やアメリカ人が家庭で食べることはまずなかった。

しかし、20世紀の終わりまでに、フムスは世界的な知名度を確立し、アメリカ、オーストラリア、ヨーロッパをはじめ、世界中いたるところで食べられるようになっていた。ヨーロッパのなかでも、イギリスほど全面的にフムスを受け入れた市場はない。イギリスの消費者の40パーセント以上が冷蔵庫に容器入りのフムスを入れているが、この割合はほかのヨーロッパ諸国の2倍に近い(1)。この数字は、イギリスでフムスの年間消費量が1万2000トンに達し、6000万ポンド以上の価値がある産業が育っていることを意味

フムスはいまや絶大な人気があるスナック食品となり、西洋のスーパーで販売されている。

している。[2] だが、フムスはなぜ、これほど短期間にイギリス人のあいだで人気を集められたのだろう？

エリザベス・デイビッドは、1955年にデビュー作『地中海料理の本 *A Book of Mediterranean Food*』を書いて、英語の料理本にフムスを登場させた最初の作家だ。彼女は、自分のフムス・ビ・タヒナのレシピを「アラブ料理のエジプト版」と呼び、読者にタヒニがどんなものでどこに行けば手に入るかまで説明し、地中海地方の食材を置いているロンドンの3つの販売店を紹介している。[3] さらに、オイル、水、ニンニクと混ぜたタヒニは、それに浸すためのパンと一緒に提供すれば、それだけでちょっとした料理になるかもしれないと説明している。珍しいことに、デイビッドのフムスのレシピはオリーブオイルとミント（生あるいは乾燥させたもの）も使う。彼女は案内人として、フムスを「濃厚なマヨネーズ」のかたさに混ぜるよう読者に教えている。読者がよく知る製品の名前を出して、読者の多くが知らないことを説明したというわけだ。また彼女は、フムスを大皿から個々の取り皿に移すよう勧めているが、特定のつけ合わせは推奨していない。

デイビッドはイギリスで生まれ育ったが、フランスやギリシャやエジプトといった国をまわったり、それらの地で暮らしたりした経験から執筆の構想を得た。1946年にイギリスに帰国した彼女は、第2次世界大戦中の食料配給の制限によって食文化が変化していることに気がついた。オリーブオイルやイチジクといった、彼女のレシピに必要な食材は、戦後のイギリスでは簡単には手に入らなかった。しかし、彼女の異国情緒のある風味豊かな料理の解説は、イギリスの大衆の心に響いた。その後の数十年間、イギリスの食事情が劇的な変化を経験するなかで、彼女の著作は人々に大きな影響を与えた。『地中海料理の本 *A Book of Mediterranean Food*』は、今日では料理本の古典的な名著の1冊と見なされている。

20世紀でおそらく最も影響力をもつ地中海料理作家のクラウディア・ローデンのために、多くの点で土台を築いたのは、エリザベス・デイビッドだった。ローデンの『中東料理の本 *Book of Middle Eastern Food*』が最初に出版されたのは1968年だ。この本にも、同じように、フムス・ビ・タヒナのレシピが載っていて、ローデンはそれを中東以外のあらゆる場所で最もよく知られ、最も好まれているタヒニ・サラダだと説明している。(4) 彼女はフムスをアペタイザーとして、あるいは「パンや魚やナスなど、実質的にあらゆるもの」と一緒に出すことを勧めている。デイビッドが、フムスを「冷たい料理とサラダ」の項目に分類しているのに対し、ローデンは「オードブル」という用語を使った。どちらの説明も、1950年代と60年代の西洋の読者に、本来フムスが属している地中海のメゼ文化のことを伝えるものだった。

ローデンのレシピは、伝統的な方法に則り、乾燥ひよこ豆(120~180グラムを一晩水に浸したもの)、レモン2~3個分(あるいは好みに合わせて)のジュース、ニンニク2~3片、塩、タヒニを使う。彼女は、ゆでたひよこ豆をこし器で裏ごしするか、すり鉢ですりつぶすよう推奨している、可能であればブレンダーか電動ミキサーを使ってなめらかなピューレにしたほうがいい。ローデンはエリザベス・デイビッドにならい、マヨネーズを使ってフムスの望ましいかたさを表現している。また、最後の仕上げとして、オリーブオイルとコショウ、そして細かく刻んだパセリを加えることを勧めている。

デイビッドとは違い、ローデンは、中東と地中海地方のレシピの研究と収集に自身の生い立ちを役立てた。カイロでシリア系ユダヤ人の両親のもとに生まれたローデンは、10代後半にパリに移り住み、その後はロンドンで教育を受けてそこに住み着いた。デイビッドの本と同じように、ローデンの本も、20世紀半ばにおけるイギリス料理の冒険心のなさ(彼女はそれを「恐ろしいほどひどい」と表現している)に対する反動と解釈すべきだろう(5)。

ローデンの本では、彼女が子ども時代を過ごしたエジプトでのお気に入りの料理に加え(エジプトでは世界中のさまざまな料理を食べられた)、知識の豊富な家族や友人から教えてもらったレシピについても詳しく述べている。

こうした先例にならって、20世紀後半になると、地中海地方や中東の料理を専門にする多数のフードライターが現れはじめた。この分野の料理本への関心は高まっていたとはいえ、十分な洞察力をもつ人は市場にはまだまだ少なかった。アメリカ人ライターのジョアン・ネイサンとジュディ・ステイシー・ゴールドマンは、1974年にアメリカで出版した料理本『エルサレムの味 *The Flavor of Jerusalem*』のなかで、フムスを使ったひとつのレシピを紹介している。そのレシピは、缶詰のひよこ豆の使用を推奨しているだけでなく、この料理を「よく冷やして」出すよう読者にアドバイスしている[6]。中東と地中海地方の料理に関して、今世紀最もよく知られているフードライターは、イスラエル人の作家兼シェフのヨタム・オットレンギだ。先達のクラウディア・ローデンと同じく、オットレンギは、材料とつくり方を羅列しただけのレシピを紹介するだけでなく、説明する料理の全体像を掘り下げて調べ、さまざまな物語を考え、回想し、語っている。オットレンギは、21世紀の西洋の読者たちがすでにこの料理をよく知っているという事実を考慮し、異なるアプローチをとることで、新たな種類の中東料理のトレンドを巻き起こした。それは、遊

カイロの通りの風景。1950年。写真撮影：ウィレム・ファン・デ・ポル。

び心があり、独創的で、野菜を主役に据えることを重視した料理だ。彼は、ロンドンにある自分のデリカテッセンやレストラン、みずからの料理本、そして『ガーディアン』紙に寄稿していた人気の週刊コラム「新しいベジタリアン *The New Vegetarian*」を通してそうした料理への理解を深めていた。だがフムスに関しては、伝統的な食材と調理法に忠実であり続けた。大ヒットした料理本『エルサレム *Jerusalem*』(2012年)のなかでオットレンギが紹介したレシピも、昔ながらの高品質なレバント地方のフムスだ。彼が読者に伝えたかったのは、「フムスとは何か」ではない(フムスはすでに、スーパーの棚や家庭の冷蔵庫でおなじみの品だったのだから)。本物のできたてのフムスがどんなものかを世に知らしめたかったのだ。

食べ物に関する本が市場に出回り、家庭で地中海料理が登場する頻度が増えたことで、人々はフムスという食べ物を知っていった。さらに、1960年代と70年代には旅行やツーリズムに出かける人が増加し、新しい食べ物や風味と触れ合うことが一般的になった。家族とギリシャで休暇を過ごした人たちは、スパナコピタ［ホウレン草を使ったギリシャのパイ］、ムサカ［地中海東岸の伝統的な野菜料理］、そしてフムスといった、それまで知らなかった料理に出会った。1980年代までに、イギリスのスーパーマーケットは、こうした刺激的で異国情緒のある風味のいくつかを市民の家庭に届けようとしていた。そして１９８８年に、高級スーパーマーケット・チェーンのウェイトローズが、イギリスで初めて調理済みのフムスを売りだした。[7] 数年のうちに、多くの競合スーパーもあとを追い、ますます人気が出てきたディップ類と一緒にフムスを店に置くようになった。だが、スーパーがつくったタラモサラタやグアカモーレがそこそこの人気を博したのに対し、フムスはかつてないほどの熱狂をもって迎えられた。

フェリシティ・クロークは、２０１７年に『ガーディアン』紙に寄稿した記事のなかで、フムスについてこう書いている。「１９９０年代半ばになってようやく、乾燥トマトやペスト［具材をすりつぶしてペースト状にしたソース］といった異国風の食品と一緒に一般化され、新しい労働党《ニューレーバー》の国際的な楽観主義を象徴するようになった[8]」。およそ30年のあいだに、フムスは異国情緒のあるときおりのごちそうから、イギリスのスーパーマーケットに欠かせないものへと変わった。実際、２０１７年に製造上の問題で「金属っぽい奇妙な味がする」という事件が発生して、いくつかのイギリスのスーパーマーケット（マークス&スペンサーやセインズベリーズなど）の店頭からフムスが姿を消したときは、「フムス危機」と呼ばれた。動揺した顧客たちは、ツイッター［２０２３年に「X」に名称を変更］などのソーシャルメディア・プラットフォームを使って、いつもの容器入りのフムスを買えないことに対する強い不満を爆発させた。ついでに、このフムス危機によって、国際的な食品製造会社のバッカボール（生鮮食品を供給する国際企業で、２０１７年のフムス危機を引き起こしたサプライヤーとして知られている）が、大多数のスーパーマーケット・ブランドのディップを生産していることも明らかになった。こうして、全国のスーパーマーケットのフムスがいっせいに影響を受けたのだった。

イギリスをはじめとする国でフムスが空前の人気を博した背景には、数多くの要因があると考えられる。第1に、味がいいこと。上手につくられたフムスは、ニンニクやレモンの味となめらかさのバランスが絶妙だ。また、ほとんどの食材と相性がよく、さまざまな組み合せを楽しめる。このように言える食べ物はそう多くはないだろう。第2に、多くのスナック食品とは違い、フムスには健康にいいというイメージがあること――もちろん、「菜食主義」と「地中海料理」という言葉に助けられている部分もあるが。菜食主義は例外なく健康的だと認識されているし、地中海料理は、果物、野菜、穀類、豆類、オリーブオイルが豊富に使われる最も健康的な料理のひとつとして、比較的最近になって注目されるようになった。フムスの健康的なイメージは、完全に理にかなっている。タンパク質、水溶性植物繊維、ヘルシーファット、ビタミンB群と葉酸、そして、マグネシウム、カリウム、カルシウムといった欠かせないミネラルを多く含んでいるからだ。また、グリセミック・インデックス［食後血糖値の上昇度を示す指標］が低く、腹もちがいい。さらに、健康上のメリットが多く、しかも気分をよくすることで知られるアミノ酸の一種、トリプトファンも多く含まれている。健康によくて味もいいとくれば、まさに理想の食べ物だ。

第3に、フムスは質素なひよこ豆をベースにしているので、比較的安価だ。スーパーでひよこ豆のパック（たいてい150～300グラムの単位で売っている）をひとつかふたつ買っても大した額にはならない。ひよこ豆は、収穫のあと、乾燥させた状態、もしくは調理済みのものを缶詰にした状態で貯蔵されるので、1年中いつでも手に入る。つまり、季節に左右されない食物なのだ。乾燥ひよこ豆や缶詰のひよこ豆からつくる自家製のフムスは、言うまでもなく、店で買うよりもさらに安くつく。フムスは最初こそ高級スーパーで売られていたが、今日ではイギリスのほとんどのスーパーが何種類ものフムスを置いていて、そのなかの少なくともひとつは非常に安価なものだ。とはいえ、イギリスのフムス消費者の大部分は中産階級であり、フムスはおもにこの社会集団にとっての日常的な食べ物になっている（9）。

第4に、フムスはきわめて便利な食べ物だ。自宅の（あるいは職場の）冷蔵庫にフムスがひとパックあれば、即席の健康スナックとなり、好きなときに生野菜でもピタでも好きなものをディップして、パッケージから直接食べることができる。そして最後に、フムスは用途が多く、ディップだけでなくサンドイッチの具にも使われてきた。バターやマヨネーズ、クリームチーズのように塗ってもいいし、ファラフェルや焼き野菜のような食材とともにメインの具材にもなる。ディナーを調理しているあいだにアペタイザーとして友人たちに出してもいいし、子どもたちのパーティーでにんじんやキュウリのスティックに添えてもいい。あるいは、夏のピクニックにごちそうとしてもっていくキッシュやスコッチエッグにも入れられる。フムスとポテトチップスという組み合わせが、いつでもどこでも出せる典型的なイギリスの食べ物になっているのは驚くことではない。

大西洋の反対側にある北アメリカでも、フムスは最初、20世紀の移民世代が開いた地中海レストランを通して細々と紹介されていた。しかし、21世紀への変わり目になると、ほとんどのアメリカ人もそれまで知らなかったフムスという食品に対する熱狂の渦に包まれた。今日では、アメリカの全家庭の4分の1近くが、冷蔵庫にフムスを入れていると推定される。増加する需要に応えるために、アメリカの農家はひよこ豆の生産を大幅に拡大し、

スーパーマーケットのフムスは、手頃な値段で売られているが、乾燥ひよこ豆を使って家庭でつくるフムスのほうがもっと安い（そして味もいい）。

生産量をこのわずか10年で4倍に増やしている。[10] さらに、アメリカの企業は、エチオピアのような国の農業開発に投資することで、ひよこ豆の生産を拡大しようとしている。

アメリカでフムスの人気が急上昇したのは、おもに戦略的なマーケティングのおかげだ。フムスは最初、「アメリカ人のライフスタイルと食事を補完するもの」として紹介されたのだ。アメリカのフムス市場を最初に支配したのは、1986年にニューヨークで発売されたサブラというブランドで、のちにシュトラウス・グループ（イスラエルの大手食品製造会社のひとつ）とペプシコに買収された。サブラは、フムスを明確にひとつの文化運動として宣伝し、アメリカ市場にこの新たな食体験（とりわけ、従来のアメリカの食習慣から大きく逸脱しない食体験）を進んで受け入れさせた。[11] フムスは、スナック食品として食べられるようなクリーミーなディップとして圧倒的な支持を得て、2013年のナショナル・フットボール・リーグのオフィシャル・ディップにも選ばれた。デブ・ペレルマンが指摘しているように、アメリカ人は、フムスを普通の食事のメインディッシュになるものとは見なしていないが、「クールランチ味のポテトチップ用ディップの代わりに冷蔵庫に入れておけるもの」だと考えている。[12] アメリカ乾燥エンドウ・レンティル協議会によると、スーパーマーケットのフムスの年間売上は約7億2500万ドルとなっている

（20年前はこの数字が500万ドルに満たなかった）[13]。

フムスは現在、アメリカやヨーロッパに限らず世界中でその存在を知られ、かつ食べられている。レバント地方のアラブ移民（とくにレバノン人）は、カナダ、南米、オーストラリア、中東の湾岸諸国などのおもな都市部に自分たちの伝統的な食事を持ち込んだ。フムスづくりの歴史をもたないアラブ諸国は、世界のほかの地域と同じ流れでフムスを取り入れた。さらに近年では、イスラエルのディアスポラ［故地から離れて暮らす民族のコミュニティ］も、世界各地でフムス料理店を開くようになり、この料理をさらに広めている。フムスはまだ、世界中のあらゆるスーパーマーケットに置かれているとまではいえないが、フムスをレストランで食べられない国はない。メキシコシティでも、バンコクでも、東京でも、フムスを注文できる場所は必ずどこかにある。

だが実際に西洋をたちまち魅了したのは、世界中でレバノン風メゼのテーブルを飾るできたてのフムス・ビ・タヒナではなく、スーパーで売っているでき合いのフムスだ。ディップやスプレッドのフムスに対する熱狂ぶりは、健康的なスナックやインスタント食品の世界ではほかに並ぶものがない。フムスの売上は、新製品の計画的導入、斬新な製造技術、新興市場における販売増加と相まって、今後4年間で増大すると期待されている。しかし、

イスラエルのひよこ豆畑。

新型コロナウイルス（Covid-19）のパンデミックが、フムスやフムスの原料の生産や輸出に——そしてその延長線上にある世界のフムス販売に——どのような影響をもたらすかは、現時点ではまだわからない。売上の予想額は、最近の世界経済の変化という観点から見直す必要があるかもしれない。

パッケージ入りフムスの現在のトップ製造業者（の大部分）は、イスラエル、アメリカ、ヨーロッパの主要な食品メーカーだ。こうしたメーカーには、シュトラウス・グループ、トライブ・フムス（ネスレの傘下に入ったイスラエルの食品製造会社オセムの子会社）、アテノス（クラフトフーズの子会社であるアメリカ企業）がある。その他のおもなフムス製造企業には、バッカボール、ボアーズヘッド（デリミート［調理済みの肉製品］やチーズを供給するアメリカ企業）、ランタナ・フーズとホープ・フーズ（どちらもさまざまな風味のフムスを専門に扱うアメリカの企業）、フィニッシュ・チーズ・カンパニー、シーダーズ（地中海風ディップとサラダを供給するアメリカ企業）、セバン（スウェーデンのブランド）、バーモント・フムス・カンパニーなどがある。

こうした主要なフムスメーカーは、さまざまな風味のフムスを製造しているが、市場の大半を占めているのは、トウガラシ、ニンニク、ブラックオリーブ、白インゲン豆などを使った「オリジナル」製品だ。こうした製品は個人商店に供給されることが多く、オーガニック市場用にフムスをつくっている小規模なメーカーも、幅広い風味をセールスポイントにしている。バース近郊のタンリーに本拠を置くフムスメーカーのプレシャス・ピアは、高品質なオーガニック食材を使い、全体的な風味を向上させたフムスを目玉商品として販売している。とはいえ、この企業がつくりだすフムスの風味（ビーツ、カラマタ［ギリシャ原産のブラックオリーブ］、ローズ・ハリッサ［トウガラシをベースにしたペースト状の調味料］）

は、大規模なメーカーがつくるものとよく似ているし、スーパーマーケットで売っている多くのフムスと同じくオイルを含んでいる（一般的なひまわり油や菜種油より風味のいいエクストラ・バージン・オイルを使っているが）。質の高いパッケージ入りのフムスでも、ある程度までは、典型的なスーパーマーケット式の製法に頼っているということだ。

今日では、世界中のスーパーマーケットでパッケージ入りのフムスが販売されていて、おもな販売国は6大陸に広がっている。だが、フムスに対するこの世界的な熱狂は、いろいろな意味で、フムスの故郷であるレバント地方に厄介な問題をもたらしている。このクリーミーなディップの世界消費量が増えれば増えるほど、レバント地方の大企業は、先を争ってその恩恵を独り占めしようとするからだ。

『フムス・ザ・ムービー Hummus! The Movie』(2015年)のポスター。監督はオレン・ローゼンフェルド。

第4章◉戦争とフムス

フムスが世界中で人気を博しているのはすでに書いたとおりだ。だがその一方で、とくにこの20年から30年のあいだに、発祥地のレバント地方ではフムスをめぐる議論が過熱しつつある。世界最大のフムスをつくる競争から、フムスが本当はどこの料理なのかをはっきりさせようという試みまで、こうした激しい競争は「フムス戦争」と呼ばれてきた。この戦争が始まったのは、レバント地方にあるフムス・レストラン同士の熾烈な競争が注目されるより前のことだ。ひいきのフムス・レストランに対する顧客の忠誠心は、世界各国のスポーツファンがひいきのチームに向けるそれに匹敵するかもしれない。フムスを愛するということは、フムスをめぐって戦わなければならないという意味でもあるようだ。

ギネス世界記録となる最大のフムスをつくる競争は、２００８年5月にエルサレムで始まった。ツァバル（イスラエルの食品会社）の後援を受けた多くのシェフたちが、４００キログラムもあるフムスを調理し、世界記録を樹立したと主張したのだ。だが、レバノンのシェフたちはそれに対抗し、２０５５キロを超える重さのフムスをつくった。するとイスラエルは、今度はジャワダト・イブラヒムの指揮のもと、アラブ系イスラエル人の村アブ・ゴーシュで４０７９キロのフムスをつくり上げた。その後、２０１０年５月8日、レバノン人シェフのラムジ・チュエイリと、ベイルートにあるアル・カファァート大学の学生シェフたちによって、現在の世界記録が打ち立てられた。彼らは力を合わせて1万４５２キロものフムスをつくり、地元の建築家たちがこの〝特製フムス〟のために制作した直径7・17メートルの陶器製の皿に盛りつけたのだ。この巨大フムスには、レバノンの国の象徴であるレバノン杉の飾りが施されていた。

この競争の背景には政治的な緊張があった。イスラエルとレバノンは過去40年のなかで、最初は１９８２年、次に２００６年と、ふたつの戦争を戦っているからだ。しかし、フムスをめぐる競争について考えるには、もっと大きな視点が必要だ。つまり、フムスという料理の「所有権」を主張する国家主義的な対立の一部だと考えるべきなのだ。歴史学者

2010年5月8日、レバノン人シェフのラムジ・チュエイリと、300人の学生シェフによって、ギネス世界記録に輝いた世界最大のフムスがつくられた。

のアリ・アリエルは、料理競争のような争いにおける国家主義の強い表れを、オリンピックをはじめとするスポーツ行事のそれと比較している[1]。たしかに、世界最大のフムスに描かれたレバノン杉の強烈なイメージは、これが国家的な勝利であることを示唆している。さらに、レバノンからすれば、フムス戦争に勝ちたいという欲求は、フムスがもっぱらレバノンの国民食であることを世界に示して、フムスの独占的所有権を主張したいという欲求とからみ合っている。

だが、イスラエルからすれば、最大のフムスをつくるために競争することは、現代における最も卓越したフムス生産者と見なされたいという欲求を表すものだ。イスラエルはフムスの輸出国として大きな成功を収めており、近年におけるフムスの世界的な人気に大きく貢献してきた（それに対し、レバノン製のフムスは世界ではそれほど広く消費されていない）。

ギネス世界記録をめぐる競争は、2015年のイスラエル制作の映画『フムス！ ザ・ムービー *Hummus! The Movie*』のなかで考察され記録されている。この映画は、イスラエルとパレスチナの3人のフムス職人（イスラム教徒とキリスト教徒とユダヤ教徒）の生活と仕事に目を向けたものだ。2012年に公開されたオーストラリア映画『戦争するよりフムスをつくろう *Make Hummus Not War*』にもフムスが登場する。この映画は、フムスに関する政治問題に着目し、所有権をめぐるさまざまな主張と、そこから派生するフムス紛争をテーマにしている。実際、現在の大衆文化のなかにフムスが登場する場合、その物語はレバント地方の政治と関連していることが非常に多い。

だがイスラエル人が、自分たちこそフムスの最初のつくり手だと主張することはめったにない（フムスを「アラブ人がイスラエルの地で何世紀ものあいだ守ってきた、聖書に出てくる食べ物」だと言う人々を除いて、だが）。イスラエル人とフムスの関係は、複雑で重層的なものだ。1948年にイスラエルが建国される前、フムスは当時のパレスチナで、ユダヤ教徒、イスラム教徒、キリスト教徒によって同じように食されていた。さらに、パレスチナへの初期のユダヤ人移民たちも、ファラフェル、刻み野菜のサラダ、ピタ、そのほかのローカルフードとともに、フムスをある程度まで取り入れていた。スペイン系ユダヤ人の家系であるカステル家に関する、20世紀初期のある記事には、エルサレムにあるこの一家の自宅についての記述があり、フムスとタヒニの置かれたテーブルについても書かれている[(2)]。

さまざまなユダヤ人組織が、パレスチナへ移住するユダヤ人に、地元の料理を取り入れて食生活を変えるよう助言した。この助言はおもに、実用性とイデオロギーのふたつの面でなされたものだった。実用的な観点からいうと、初期のユダヤ人移民の味覚をパレスチナの味に順応させることは重要だった。彼らがあとにした土地で慣れ親しんでいた調味料を調達するよりも、手に入りやすい地域の食材をベースにした地元のベジタリアン料理のつくり方を学んだほうがはるかに経済的だからだ。こうして、ヨーロッパのユダヤ人たちは、慣れない食材と向き合いながら、自分たちの調理法とレパートリーをパレスチナのそれに適合させていった。イデオロギーの観点からいうと、味覚と食習慣を順応させることは、イスラエルの地で故郷の再建を目指すシオニズム運動と結びついていた。ヘブライ語――イスラエルの地に住むユダヤ人のための言語――の復活と、地元の食物、とくに地元で栽培し収穫できるものを使った新しい食事のなかに、シオニズム運動の影響が見て取れた。

1948年にイスラエルが建国されると、ユダヤ系イスラエル人たちは、ふたつの理由からフムス（とそのほかのレバント料理）に触れる機会が増えた。ひとつは、国の配給制度を回避できるアラブ人街のパレスチナ料理店で食べるようになったこと。もうひとつは、イスラエルの建国により、周辺の中東の国々からユダヤ人の移民が押し寄せてきたこ

1939年のキブツ［イスラエル独特の集団農業共同体］・マーバロットの食堂での質素な食事。写真撮影：ゾルタン・クルーガー。

とだ。シリア人やエジプト人をはじめとする一部のアラブ系ユダヤ人は、すでにフムスを食べる習慣をもっていた人たちだったので、イスラエルに来てもフムスを調理して食べ続けた。一方、ほかの東方のユダヤ人の多くは、イスラエルの自分たちのレストランでフムスを出すようになった。フムスの人気が高かったからではなく、かつて家庭で食べていた料理だったからだ。このように、イスラエルのフムスは、パレスチナのルーツからいくらか切り離されて、中東のユダヤ系イスラエル人の料理としてつくり変えられた。

イスラエルでのフムスの人気が高ま

るにつれて、イスラエル人はフムスを自分たちの国民食だと考えるようになった。最近になってようやく、フムスをアラブ料理として称賛し、イスラエルにおけるアラブ料理のフムスに「グルメ」のステータスを与える気運が高まっている。イスラエルの有名なシェフ、ハイム・コーヘンは、イスラエルとレバノンのあいだのフムス戦争についてコメントした際に、「フムスをつくっているのはイスラエルに住むイスラエル人ではなく、アラブ人だ」と述べた(3)。コーヘンはこの文脈のなかで、フムスが属しているのはユダヤ系イスラエル人の食文化ではなく、アラブ系イスラエル人の食文化だと示したのだ（アラブ系イスラエル人とアラブ系ユダヤ人とを混同してはならない。前者がアラビア語を話し、イスラム教あるいはキリスト教を信仰するイスラエル国民を指すのに対し、後者はアラブ系ユダヤ人とその子孫すべてを指す）。アリ・アリエルによると、フムスの文化に関するこの新しい視点は、フムスがイスラエルに完全に取り入れられたことで生まれたものだ。一度は自分たちの国民食だと見なしたからこそ、イスラエル人はフムスの起源を調べて再考できるようになったということだ(4)。

イスラエル人のフムスの提供方法と食べ方は、いろいろな意味で、レバント地方の伝統と西洋のイノベーションをつなぐ橋の役割を果たしている。イスラエル人は、昔ながらのレシピに従ったレバント地方のフムスの調理法や、力をつけるために、ピタ、サラダ、ピクルスを添えて朝食や昼食に食べる習慣を受け入れている一方で、パッケージ入りのフムスの大口顧客（そして生産者）でもある。イスラエルは、1950年代に産業規模でのフムスの生産を開始し、それ以降、市場はめざましい速さで拡大してきた。イスラエルのパッケージ入りのフムスは、イスラエル中の家庭で消費されているが、ヨーロッパやアメリカの市場でも非常に人気が高い。たとえばシュトラウス・グループは、ヨーロッパとアメリカのフムス市場で主流であり続けているイスラエル企業だ。

イスラエル人は、創造力を発揮して、フムスを斬新なトッピングで飾ることも多い。イスラエル風フムスのレストラン――イスラエル国外にある場合が多いが――では、マッシュルームやスライスしたナスをトッピングして、シャクシュカ（調理したトマトとパプリカに卵をのせた風味豊かな料理）やほかの付け合わせと一緒にフムスが出されるのが一般的だ。そうしたレストランは、伝統的な素焼きの鉢にフムスを盛りつけることはめったにない。どんなかたちで出てくるかは店によって変わるのだ。伝統的なフムス、鮮やかなピンク色をしたビーツ風味のフムス、すりつぶしたアボカドを混ぜた淡い緑色のフムスを積み重ねた3色のものまである。

こうした型破りなフムスの出し方は、西洋の顧客にアピールするために考案されたとも考えられる。イスラエルでは一般的に、伝統的で質のよい昔ながらのフムスのほうが高く評価されるからだ。さらに、イスラエルの国内では、アラブ系イスラエル人のフムス生産者は商売の達人と見なされている（ハイム・コーヘンのコメントが示唆しているように）。だが、フムスにマッシュルームやビーツやアボカドが使われることからは、イスラエル料理特有の遊び心も感じられる。そうした遊び心は、ほかにも多くの組み合わせを生みだすことになった。なかでも最も有名なのが、フムスとファラフェルに対する国民の愛情を喚起した地元のパレスチナ料理だ。このさまざまな料理の幅広い組み合わせが、伝統に縛られない料理と風味の組み合わせを生み、それぞれの食文化の最高の要素を使う新しい料理をつくりだしたのだ。フムスだけでなく、クバネやジャフヌンのようなイエメンのパンや、アシュケナージ系ユダヤ人のつくる風味豊かで甘いパプカもそうだ。

レバノンは、フムスづくりの競争に勝つことだけにとどまらず、フムスの所有権まで求めるようになった。レバノン実業家協会（ＡＬＩ）は２００８年、「われわれの料理から手を引け *Hands Off Our Dishes*」というキャンペーンを立ちあげ、多数のレバノン料理をレバノン製品として欧州連合（*ＥＵ*）に正式に登録しようとした。世界で愛されてい

イスラエルのフムス料理店では、マッシュルームやシャクシュカといった変わった食材が加えられることが多い。

るクリーミーなディップ、フムスも、そうした料理のひとつだった。フムスがレバノン製品として登録されれば、レバノンに「フムス」という名称を独占的に使用する権利を与えることになり、ほかの国のフムスメーカーはすべて、別の名前で製品を販売せざるをえなくなる。EUは1992年以降、特定の伝統的な製品にそうしたステータスを与えて、その固有の名称を保護し品質を確保してきた。そのステータスは、伝統的な調理法か、あるいは少なくとも製造過程のひとつの段階が遂行される固有の地理的な場所にもとづいて与えられる。たとえば2002

年に、ギリシャは「フェタ」という名称の独占使用権を手に入れた。これによって、ギリシャ以外のフェタに似たチーズは、フェタの名で販売することができなくなったのだ。もしレバノンのこのキャンペーンが成功していたら、ほかのフムスメーカーはすべて、「チックピア・ディップ」とか「ガルバンゾ・スマッシュ」といった耳慣れない製品を輸出する羽目になっていたはずだ。

このレバノンのキャンペーンは、明らかにイスラエルを標的にしたもので、レバノンとイスラエルのあいだで進行中のフムス戦争にさらなるエピソードを加えている。特定の食品を日常的に消費することは、コミュニティ・アイデンティティの構築、ひいては「私たち」と「彼ら」の想像上の区別と強く結びついてきた。ALIは、フムスをレバノンの食品だと主張して、レバノン人を「真の」フムス・イーターと見なす一方で、イスラエルの文化をほとんどヨーロッパ的だと表現した。実際、ALIのファディ・アッブード会長は、イスラエルのフムス文化について「失礼ながら、ドイツのユダヤ人やポーランドのユダヤ人が、フムスについて何かをご存じだとは知りませんでした」と述べている(5)。

そのため、フムスを独占的にレバノンのものにしようとするこの試みは、フムスが国際的な基準でイスラエルの食品だと認められるのを阻止するためのものと考えられる。根底にある政治的緊張が、ＡＬＩの行動に影響しているのは間違いないが、イスラエルがフムスの輸出で大きな成功を収めたことも強い動機づけだと見なすべきだ。アップードはまた、「イギリスのスーパーで非常に人気のある（イスラエルの）サブラというフムスを食べてみると、パッケージのどこにもレバノンという表記がない。フムスをイスラエルの伝統的な料理と考えているのだ。とんでもないことだ」と明確に述べている。[6] 興味深いことに、この主張は、実際にはまったく根拠のないものだ。イスラエルのフムスがイスラエル料理として販売されることはほとんどなく、地中海料理として表現されるほうがずっと多い。アリ・アリエルが指摘しているように、こうした表現は、フムスをアラブ料理に分類する（そしてそれを認める）のを避けたいという、イスラエルの大手食品企業の思いを反映したものだろう。[7] 同時にそれは、地中海料理の健康的なイメージに便乗することで、フムスの販売をさらに促進しようという企図を示しているのかもしれない。私には、フムスを「イスラエル料理」ではなく「地中海料理」として売り込むのは、政治的な理由から「イスラエル」という表現に対して不快な感情を抱くかもしれない顧客を引きつけるための意図的な手段であるように思える。

フムスの商標登録を狙ったレバノンのキャンペーンが失敗に終わったのは言うまでもな

い。比較的広い範囲（つまり多くの異なる国家）で食されているフムスは、商標登録の対象となる食品の基準からは外れている。このキャンペーンはイスラエルを標的にしたものだったが、同時にパレスチナ、シリア、ヨルダンの企業が、「フムス」という名の製品を輸出し販売することも防ぐ目的があったはずだ。フムス・ビ・タヒナとして知られる料理が、現在それが食されている国民国家ができる前から確実に存在していたことを忘れてはいけない。フムスが実際に初めて調理されたのが、18世紀のダマスカスやベイルートの統治者たちのためだったとしたら、おそらく最初は、現在考えられているようなシリアかレバノンのどちらかではなく、オスマン帝国の都心の食べ物だった可能性がある。

ヨタム・オットレンギが『エルサレム Jerusalem』（2012年）のなかで述べているように、食品の所有権をめぐる議論は基本的になんの役にも立たない(8)。彼が指摘しているように、そうした議論は結局のところ意味がなく（食べ物と食事は、確実にいまの時点のものであるため）、果てしなく続く（どんな新しい料理にも、その前身となる料理が存在するため）、不明瞭な（食文化はほかとかかわりを持たずに発達するものではなく、旅行や貿易などの交流を通して、必ず多くの影響を受けるため）ものだからだ。このためオットレンギは、フムスの「所有権」に関して次のように語っている。

たとえば、きわめて不穏なテーマであるフムスが地元のパレスチナ人たちの食べ物であることに異論はない。だが同時に、数千年にわたってシリアのアレッポで暮らし、1950年代と60年代にエルサレムに移ってきたアレピアンのユダヤ人たちの夕食のテーブルに欠かせない食品でもある。フムスの所有者を名乗る資格があるのはどちらだろうか？　どちらも違う。誰かがある料理を「所有する」ことなどない。なぜなら、ほかの誰かがその料理を先につくっていて、さらにその前に別の人がつくっている可能性が非常に高いからだ。(9)

フムスの世界記録や所有権をめぐる国際的な論争はニュースになるが、それ以外にも、日常的に繰り広げられている別のタイプのフムス戦争がある。レバント地方の町や市では、できたてのフムスが好まれてよく食されており、誰にでもお気に入りのフムス・レストランがある。そしてどのレストランのフムスが最高かをめぐるやりとりが始まれば、すぐに激しい議論へと発展する。フムスの好みは人によって少しずつ違う。細かい好みの差が長々とした議論の火種になるのは、人々にとってフムスがそれだけ大切なものだからだ。パレスチナ料理と健康的な食事の関係を紹介するフードブログ「ザ・フムス・セオリー」の執筆者であるディアラ・シャヒーンは、「フムスに対する私の情熱は理屈を超えたものだ。ひよこ豆なのか、タヒニなのか、それともそのふたつの調和なのか？　そんなことはどうでもいい」と指摘している。[10]

フムスをつくる人たちは、顧客がどれほどの眼識を備えているかを理解しているので、独自のレシピと提供方法を完成させることに力を注いでいる。生の食材から調理方法や味つけまで、すべてが最終的な評価に影響するのだ。イスラエルのシェフ兼レストランオーナーのアリエル・ローゼンタールは、それについて「ダイヤモンドを研磨《ポリッシュ》するように、フムスには、仕上げて、磨いて、精製するという作業が必要だ」と述べている。[11]心からフムスを愛する人たち——つくる側だろうと食べる側だろうと——にとっては、フムスは単なるディップよりはるかに大きな存在だ。ローゼンタール自身が言っているように「ひよこ豆は私の世界」なのだ。[12]

フムスをめぐる対立に関する大きな皮肉は、フムスが最終的に中東の人々を結びつける食べ物となる可能性があることだ。第1に、絶大な人気があるので、宗教、階級、ジェンダー、年齢層、民族に関係なく（地理的な場所によって、調理方法や提供方法に細かい違

「壁でなく、フムスをつくろう Make Hummus Not Walls」という、ベツレヘムの西岸地区の分離壁に書かれた落書き。

いはあるが）地域全体で食されている。第2に、植物をベースにつくられているので、中東や地中海東岸のイスラム教徒、キリスト教徒、ユダヤ人の食生活を形成している宗教的な食事規定や慣習の制約を受けない。イスラム教とユダヤ教は、特定の種類の肉を食べることを禁じているうえ、前者はハラル、後者はコーシャによって適切な食肉処理が定められている。さらにユダヤ人は、肉をミルクなどの乳製品と一緒に摂ることも禁じている。第1章で説明したように、中東で暮らす多くの宗派のキリスト教徒たちは、四旬節のような断食期間には、肉、魚、乳製品、卵を摂るのを控える。しかしフムスは、完全に野菜を原料としているので、すべての食事とあらゆるコミュニティに適しているのだ。

第3に、フムスは人々をひとつにまとめる食べ物だ。メゼの一部としてテーブルに出されれば、多くの人で分け合って食べられる。パンを分け合ってディップするのは、高度に社会的な行為だ。ラブネ、ムタバル（焼きナスとタヒニを混ぜたピューレ）、フムス・ビ・タヒナでも同じことが言える。中東の文化においては、食べ物を分け合う行為に重要な意味があり、食事の際のそうした行為を通じて、人と人とのあいだに強い結びつきが生まれると考えられている。

アラブ系イスラエル人のシェフで、フムスの大きさでレバノンと世界記録を競ったジャワダト・イブラヒムは、フムスがいつの日かこの地域全体をひとつにまとめるかもしれないという楽観的な願望を抱いている。彼はこう語っている。「レバノン、シリア、ヨルダン、エジプトの人々に対し、私はこう言うようにしています。『平和が実現していない以上、複雑な状況に置かれているのはわかっていますが、いつの日か平和が訪れることを願っています。そうなったら、1万トンのフムスをつくって、中東全体で分け合うことができるのです』と」[13]。彼の希望に満ちた構想の本質は、人々がフムスに対して共通の愛情をもっているということだ。フムスを、そしてフムスに対する愛情を共有することで、人々をひとつにまとめられるかもしれないのだ。

ブッダ・ボウルには、健康的な植物ベースの食材と一緒にフムスが入っていることが多い。

第5章◉フムス世代

現在、フムスは真にグローバルな食品になっており、世界中の地中海料理や中東料理のレストランで食べることができる。そのうえ、西洋ではごく日常的な食べ物として受け入れられていて、スーパーでも買えるし、パブやカフェでも気軽に食べられる。冷蔵庫にフムスを常備している家庭もめずらしくない。イギリスのコーヒーチェーンの多くが、フムスを塗ったサンドイッチをメニューに載せ、チャツネやマヨネーズをひと塗りしたものと同じように定番の商品として販売している。ナスやパプリカなどの地中海の風味と同様、フムスは「異国風」というステータスを失い、21世紀の西洋の食習慣に吸収されていった。現在では、主要な店やレストランなら必ずあるまでに普及した。ただし、吸収される過程で西洋の手が加えられたことで、レバント地方のものとは大きく異なる西洋のフムス文化が生まれることとなった。また、日常的な食品として受け入れられたことで、「フムス」という言葉は一般用語となり、野菜や豆類からつくられるあらゆる種類のディップやペーストが「フムス」という幅広いジャンルの下に位置づけられた。

フムスは、ヨーロッパとアメリカで受け入れられたのと同じくらい早く（ここ30年かそこらで）、ひよこ豆、タヒニ、ニンニク、レモンというお決まりのパターンに落ち着いた。スーパーのパッケージ入りのフムスには植物油（たいてい菜種油かヒマワリ油）も含まれているので、そのぶんひよこ豆に対するタヒニの割合は低くなっているが、全体的な風味は変わらない。ポテトチップスのようなスナック食品と同じで、西洋の顧客はさまざまな種類の風味に興味を示すため、スーパーで売られるフムスにも数々のバリエーションが生まれた。新たな種類のフムスをつくるために、従来のフムスの風味にさらに新たな原料が加えられた。その際に重要なのは、単なるトッピングとして材料を加えるのではなく、しっかりと混ぜ込んで全体の風味を際立たせることだ。今日のヨーロッパやアメリカでは、程度の差はあっても、多種多様な風味のフムスが売られるのが当たり前になっている。イギリスのスーパーマーケットチェーンのウェイトローズは、18種類ものフムスを販売して

ビーツは、西洋風のフムスに人気のある風味だ。

いて、そのなかには自社ブランドの製品（普及品と最高級品）や、人気のあるフムスメーカーの製品も含まれている。レモンとスパイスの効いたアプリコット、チリ・ハリッサ、ターメリック（キャベツのピクルスとザクロをトッピングした）、ビーツ、エンドウ、赤トウガラシ、モロッカン・スパイス、カラメルしたタマネギ、レモンとコリアンダー、ペリペリ、エクストラ・バージン・オリーブ・オイル、ザータル、焼きフムス（ハリッサかビーツを添えた）、低脂肪（ニンジンスティックとの組み合わせ）、離乳食用のフムスとブレッドスティック、と品揃えは豊富だ。

この品揃えは、種類が豊富なことと、フムスに風味づける食品や料理がいくつもあることを示すいい例だ。なかには、ザータル、ハリッサ、モロッカン・スパイスといった、中東や北アフリカの料理に使われる香味料を加えているものもある。ザータルは、たしかにレバント地方で人気のある香味料だが、この地方でフムスの味つけに使われることはめったにない。ハリッサとモロッカン・スパイスは、もともとは地中海盆地の反対側の端のもので、レバント地方とはまったく異なる食文化（伝統的にフムスを食べたりはしない）を形成する香味料だ。おそらく「モロッカン」という形容詞は、産業用のフムスによく使われる。レバント地方の国々の名が、ニュースや対立や戦争を連想させるのに対し、モロッコはエキゾチックなイメージとバカンスの目的地を想起させるからだ。

スーパーマーケットのフムスには、野菜（エンドウ、アボカド、赤トウガラシ、ビーツ）の入った、より色鮮やかで健康によさそうなものもある。焼きフムスというのもあるが、これはおそらくムタバルから着想を得たものだろう。一方、レモンとコリアンダーは、イギリスのスーパーマーケットのデリ食品の香味料として人気がある。オリーブもまた、レモンとコリアンダーの入ったフムスによく使われる。ペリペリを使うと料理の方向性がずいぶん違うフムスができる。低脂肪（低タヒニ）フムスとベビー用フムスは、戦略的にライフスタイルに対応するための商品だ。ちなみにベビー用は、植物油は使用していないが、ニンニクを入れずに味を薄め（市販のベビーフードと同じ程度）にしている。シンプルで栄養価の高いピューレ状のフムスは、今日では赤ん坊や小さな子ども用の栄養価の高い食品と考えられている。実際、ジョエル・リケットとスペンサー・ウィルソンが『HはフムスのH：現代の親のABC *H is for Hummus : A Modern Parent's ABC*』というガイドブックを執筆している。これは21世紀の中産階級の家庭生活にとっての必需品を紹介する愉快な本で、2013年にペンギン・ブックスから出版された。

スーパーマーケットで買えるフムス以外にも、数多くの種類のものが本やブログなどの媒体で紹介されている。インターネットで検索してみると、ありとあらゆる野菜、スパイス、ハーブを使った、さまざまな風味のフムスのレシピが出てくる。伝統的なフムス以外を「まがいもの」だと見なしているヨタム・オットレンギでさえ、タヒニの代わりにシナモンやショウガといったスパイスを使ったひよこ豆スプレッドのレシピを出版した。彼は言いにくそうに「私はそれらを……まあ『フムス』と呼ぶしかなかったのです」と語っている。(1)

イギリス人シェフ兼フードライターのナイジェラ・ローソンも、タヒニの代わりにピーナッツバターを使い、ひよこ豆、ニンニク、レモンジュース、クミン、ギリシャ・ヨーグルトを混ぜ込んだ奇抜なフムスをつくっている。彼女はそのフムスを「優雅」で「見事に食べ応えがある」と表現し、「これが好きだって言ったら変かしら?」と遠慮がちに読者に問いかけている。(2)このレシピは異様なものに思えるかもしれないが、ローソンのピーナッツバターを使ったフムスは、風味に関してはなかなかのものだ。実際、ひよこ豆とピーナッツの組み合わせはほかの料理でも見られる。たとえば、スーダンのファラフェルは、レバント料理におけるフムスの代わりに、風味が豊かで香ばしいピーナッツソースを使うことが多いが、このソースはファラフェル・サンドイッチの風味や食感と絶妙にマッチし

フムスは、健康にいい栄養価の高いピューレとして、西洋で人気のベビーフードにもなっている。

ている。

しかしながら、21世紀に起きたこのフムスの風味の大変革は、フムスの故郷であるレバント地方では起こっていない。この地では、昔ながらのフムスが数世紀にわたる人気をいまなお保っていると覚えておこう。わずか20年のあいだにこの大変革が起こったのには、ヨーロッパとアメリカの食文化が大きくかかわっている。フムス市場において、ひよこ豆とタヒニを混ぜ合わせたものは、さらに多くの（そしてたいていは主要な）風味を加えるための完璧な基盤となっているのだ。

香辛料を効かせた風味豊かなひよこ豆とタヒニを使った中世のレシピと、今日のスーパーで買える多種多様なフムスや、現代の料理本やインターネットで紹介されている変わり種のフムスのレシピを比較してみるのもおもしろいだろう。たとえば、モロッカン・スパイスで味つけしたフムスのように、コリアンダーやショウガ、あるいはシナモンを加えたものは、フムス純粋主義者には、（暴力的な）イノベーションだと見なされる。だが、13世紀と14世紀に書かれたアラブの料理本を読むと、コリアンダーもショウガもシナモンも、中世ではひよこ豆とタヒニの料理に好んで使われた香味料だったことがわかる。この中世と現代の共通点は、食文化の本質、つまり食文化がさまざまな影響を受けながら発展し、つねに変わり続けていくことをはっきりと示している。新しい料理は昔の料理からアイデアを得ているし、その昔の料理も、さらに昔の料理からアイデアを得ていたのだ。フムス・カサをもとにフムス・ビ・タヒナがつくられ、現在のフムスが誕生したのと同じだ。現在のフムスには、プレーンなもの、スパイスやハーブや野菜で風味をつけたもの、クリーミーなものや低脂肪のもの、そして（次に紹介するような）香りのいいものや甘いものまである。

コリアンダーとショウガとシナモンをフムスに入れることが純粋主義者たちの激しい怒りを買うのだとしたら、チョコレートやカラメルのような甘いデザート用の風味を加えた場合、いったいどれだけ大変な騒ぎになるのだろうか。ここ数年、フムスはもうひとつの方向へと向かっている。さまざまな原料を加える（そしてニンニクは入れない）ことで、甘い食べ物としても認識されるようになったのだ。タヒニはもともと甘い風味と相性がよく、タヒニを詰めた柔らかいマジュールデーツ、タヒニクッキー、あるいはハルヴァ［穀物、豆類、野菜などを使った甘い菓子］を食べた人には、それがわかるだろう。もともと甘くも香ばしくもないひよこ豆も、スイーツとして食べられるのだ。炒ったり糖衣をかけたりしたひよこ豆が、レバント地方と中東のあらゆるところで食べられているのを見ればそれがわかるだろう。パリでアスキニというレストランを経営するレバノン系フランス人シェフ、カリム・ハイダルは、甘味をつけたひよこ豆を独創的に使って、フムスアイスクリームや、ライスプディングに似たミルキーなひよこ豆のデザートをつくっている。(3) ひよこ豆にはでんぷん質の粘度のようなものがあるので、甘い食品に健康的な食物繊維を加えることができる（エナジーボールに、挽いたナッツや乾燥したココナッツ、あるいはマッシュポテトでつくったブラウニーを詰めるのと同じようなものだ）。人々が焼かないヴィーガン・ブロンディを食べ、タンパク質に崇拝の念のようなものを抱く時代においては、チョコレートフムスがどのようにして生まれたかを理解するのは難しいことではない。

アメリカ企業のディライティッド・バイは、スナックとデザートの市場で甘いフムスを売り出して一躍有名になった。ディライティッド・バイが最初に発売したのは、チョコレート、バニラ、スニッカードゥードゥル［シナモン風味のクッキー］という3種の風味のフムスだ。ディライティッドに続いてスイーツを扱い始めたアメリカの大手フムスメーカーもいくつかある（トライブとランタナもそうだ）。最近のイギリスでは、ロンドンを拠点にした企業HOUがフムスのスイーツを販売している。フレーバーは、チョコひよこ豆、バノフィー［バナナとトフィーを使ったイギリスのパイ］、ミックスベリーの3種類だ。チョコ

イスラエル風のタヒニビスケットは、タヒニを甘い風味と組み合わせて使った一例にすぎない。

近年では、チョコレート味やミックスベリー味のような、甘いフムスがいくつも出てきている。

ひよこ豆とミックスベリーはタヒニをまったく使っておらず、ひよこ豆のほかにココア、チョコレート、ココナッツミルク、ストロベリー、ブルーベリー、ブルーポピーシードが入っている。だが、バノフィー風味のものは、ひよこ豆とタヒニの両方をまだ使っていて、そこにバナナとカラメルを加えている。これら3つのディップは、朝食のトーストに塗ってもいいし、フルーツと一緒においしいスナックとして食べてもいい。また、クリーミーなプディングの一種として、容器から直接食べることもできる。ディライティッド・バイは、玉状にしたフローズンフムスを溶かしたチョコレートに浸したり、甘いフムスをシュガークッキーの砂糖衣《フロスティング》として使ったりと、デザートとしてのフムスの食べ方について、独創的なアイデアをほかにもまだもっている。

しかし、甘いフムスに対する反響はまちまちで、ひよこ豆の風味が強すぎるとか、ほかの原料とマッチしていないと感じる人も多い。また、フムスをスイーツに使うのは、味のよしあしに関係なく、本来のコンセプトを無視していると思う人もいる。リエル・リーボヴィッツは、ユダヤ系オンライン・マガジン『タブレット』に書いた記事のなかで、次のようにコメントしている。

異文化の体験をキッチンの外でも意味をもつものにしたいのなら、境界線を越える前に、まずは境界線が存在することを認識しなければならない。「やあ、こっちの文化では、アーティチョークとホウレン草をクリームで泡立てるけど、そっちのひよこ豆をすりつぶしたものと相性がいいかもしれないね」と声をかけるのが悪いというわけではない。それは、2つの異なる文化に橋をかけるときにとるべき、大胆だが敬意の感じられるアプローチだ。だが「プディングをつくって、それをフムスと呼ぶことにしよう。フムスはいま流行だからね」というのは、本物とは無関係といえる製品を売り込むという横暴にほかならない。それはただの悪趣味だ。(4)

だが赤トウガラシやストロベリー風味のフムスも、伝統からは外れているかもしれないが、フムスの名前の由来である基本的な原料のひよこ豆を使ってはいる。しかし、フムスが世界中で愛されているこの時代、西洋のフムスが本来のフムスをまったく必要としない場合が往々にしてある。この人気のあるディップを食べたいという、西洋の顧客の気持ちが高まるにつれて、フムスの定義も拡大され、すりつぶした野菜、豆類、スパイス、ハーブをおいしく組み合わせたものをすべて含むようになった。この意味でいうなら、「フムス」

という言葉は、単に「ペースト」や「ディップ」あるいは「スプレッド」を指すものだといえる。

アンナ・ジョーンズのすばらしい料理本『現代的な食べ方 *A Modern Way to Eat*』（2014年）は、見開きのページで「フムス」の4つの異なるレシピを紹介しているが、そのなかにひよこ豆あるいはタヒニを使うものはひとつもない。[5] あるレシピは、カネリーニ豆とデーツと味噌を使い、別のレシピはバタービーンとアーモンドとローズマリーを使う。たしかに、おいしそうな組み合わせではあるが、はたしてそれらはフムスと呼んでいい（あるいは呼ぶべき）ものなのだろうか？　この問題には言語が大きくかかわっているだろう。すりつぶしたカネリーニ豆の料理を「フムス」と呼ぶのは、アラビア語やヘブライ語の話者にとっては違和感があるが、ほかの言語の話者はとくに違和感を覚えないからだ。

「フムス」という言葉の新しい意味と用法は、この料理がグローバルフード、産業化したスナック、マルチフレーバーのスプレッドおよびディップとして発展していくなかで育まれた新しいアイデンティティだ。そのうえ、「フムス」という言葉が現在のように使われ始めたことは、フムスがいかに人気を獲得し、そして21世紀の西洋の食文化にいかに深く浸透したかを明確に表している。クラウディア・ローデンが著書の『中東料理の本 *Book of Middle Eastern Food*』（１９６８年）のなかで、インゲン豆、オリーブオイル、レモンジュース、ブラックオリーブでつくるディップのレシピを説明したとき、彼女はそれを「インゲン豆とオリーブのフムス」ではなく「インゲン豆のピューレ」と呼んだ。彼女自身が「フムス」という言葉からひよこ豆を連想したのと、「フムス」がディップやピューレを表現する言葉として英語圏に定着していなかったことが大きな理由なのは間違いない。

フムスが西洋の食文化において人気を博したという事実は、それだけこの食べ物が大きな改革を経験してきたことを示している。その改革のなかで、フムスの構成要素は何度となくすっかり消え去り、まったく違うものが生み出された。たとえば、伝統的なナポリピッツァのマルゲリータ（モッツアレラチーズとトマト、それから小麦粉でつくった柔らかいクラストでできたもの）を、カリフラワーのピザ生地にパンプキンシード・ペストをトッピングした「ピッツァ」と比べてみるといい。この文脈における「ピッツァ」は、基本的には、平らなベースとソースとトッピングでできている食べ物を説明する用語だ。ほぼ同じように、私は最近、緑色野菜を焼いてココナッツヨーグルトとアボカドをトッピングした料理を、「シャクシュカ」と説明しているのを目にした。トマト、パプリカ、卵と、シャクシュカという名の料理を特徴づけている材料をまったく使っていないというのに。それが「シャクシュカ」と表現されたのは、（私が思うに）平らな調理なべとトッピングの内容がおもな理由だった。おそらく、どの料理の伝統にも属さず、十分に確立されてもいないその料理を説明する言葉が、ほかに存在しなかったせいもあるのだろう。西洋の食文化の文脈における現在の「フムス」は、甘いか辛みのある、たいていはひよこ豆などの豆類をベースにして、野菜、ハーブ、スパイス、果実などの原料を加えた、なめらかなディップかペーストを意味する。この言葉は、基本的には、健康にいいマッシュを、食欲をそそるように説明するためのものだ。

グローバリゼーションの時代に、郷土料理が世界中に広がった。21世紀の都会には、世界各地のレストランや食堂が数限りなくある。店やスーパーマーケットで手に入る外国製品が急速に増えたのは言うまでもない。消費者は、出来合いの料理、ソース、調味料などの品を、どれでも好きなときに購入することができる。そして、ショッピング、外食、宅配に加えて、大胆な新しい家庭料理を紹介する珍しいレシピも、ネットですぐに見つけられる。郷土料理が原産国の外に広まるにつれて、個々の料理はそれぞれの土地の味覚に合うように順応していき、人気のある香味料や従来とは異なる原料を取り入れるようになっ

今日のスーパーマーケットには、世界各地のさまざまな食品が並ぶ。

た（あなたが食べているスモークサーモンとクリームチーズの寿司がいい例だ）。

ひとたび「伝統料理」の制約から離れると、元の料理への忠誠心はほとんど重視されなくなる。実験的な料理に人気が集まるのは、新しいものを試す機会を顧客に提供するからだ。この意味では、ヨーロッパやアメリカの地元のスーパーマーケットが、スイートポテトとコリアンダーでつくったフムスを——おそらくチョコレート味のフムスさえも——販売する可能性もある。だが、レバノンの地元のレストランは、これからも伝統的な従来のフムス・ビ・タヒナしか提供しないだろう。この料理は、できたてをメゼの一部として食べるためのものだ。そのまま出すこともあるが、ひよこ豆、タヒニ、グリルされた肉をトッピングすることもある。レバント地方には、自分たちは新たな風味を考案したりせず、昔ながらの質の高いフムスをつくっているという誇りがある。昔ながらの中東料理に好んでひねりを加えているイスラエルのシェフでさえ、フムスに関しては、いくぶん珍しいトッピングをする以上のことはめったにしない。一方、西洋がフムスをスナック食品としてつくり変えたとしても、それは異なる風味の組み合わせを探すためであり、ほかの原料を加えるような単純なやり方でしかない。

だがフムスはここ数年、西洋の食品市場においてメインディッシュと見なされ、ディナーのテーブルで重要な地位を占めるようになった。ボウル・フード――あるいはブッダ・ボウル――の出現により、ヘルシーなヴィーガン・ベジタリアン食品として、また非常にバランスのよい植物をベースにした食事としての地位を確立しはじめたのだ。ミックス・ボウルでいうと、フムスは、米、キノア、スイートポテト、アボカド、生野菜、芽キャベツ、豆類、種子類、その他の健康的な植物ベースの食品と一緒にボウルのなかに入れてもいい違和感がない。フムスはすでに、ヴィーガン・ボウルにおける中心的存在といってもいいかもしれない。それは、タンパク質と脂肪と炭水化物がしっかりと含まれているからだけでなく、さまざまな食品と相性がいいからだ。フムスと一緒に食べるとおいしく感じられる食品は多い。そして、こうした食習慣は、ディップやスナックを食べる文化と同様、概して若い世代に見られるものだ。実際、イギリスのスーパーマーケットのフムスの売上を見ると、44歳以上の年齢層では非常に少ない(6)。

フムスは間違いなく現代の食べ物だ。近年、気候危機や畜産場で飼育される動物の非人道的な扱いに関するニュースに反応して、肉、乳製品、魚、卵の消費をやめたり、大幅に減らしたりする意識の高い人が増えている。健康に関する理由から、植物ベースの食事を摂るようになった人も少なくない。ひよこ豆、いんげん豆、レンズ豆などの豆類は、動物性の食品をほとんど摂らない人たちにとっては重要なタンパク質源だ。さらに、豆類はゴマと同じで、かなり力のつく食品でもある。こうした観点からいうと、フムスを食べるのは、人体にも、地球にも、動物の福祉にとってもいいことなのだ。

実際、フムスに必要なひよこ豆を栽培するだけでも、農家の生産性の向上に貢献することができる。ひよこ豆の栽培によって土壌の窒素濃度が高まり、それが肥料の役割を果たして、ほかの作物の成長を促すからだ。トウモロコシやほかの穀物の栽培と、ひよこ豆やほかの野菜の栽培を交互に行ったところ、前者の収穫高が上昇した。これは、マメ科植物の根につくられる根粒に含まれる細菌が、空気中の窒素を土壌内で変換し、それが植物の成長を促進させるからだ。違う野菜や穀物類をきちんと並べて植えても、混在させて植えても、土壌の品質に同様の成果が現れる。ど

ひよこ豆を栽培すれば、ほかの作物にもよい影響がもたらされる。ひよこ豆には、大気中の窒素を、土のなかで植物が吸収しやすいかたちに変える働きがあるからだ。

ちらの技術を用いても、ひよこ豆の栽培は作物全体の収穫を改善する可能性がある。そして、高価な肥料を用いるよりもはるかに実用的で収益性が高いのだ。

スナック、食事、サンドイッチの具材、メゼの一部、あるいはブッダ・ボウルの中身としてのフムスは、安価で健康的で腹もちもいい、植物ベースの食品だ。家庭で簡単につくれるうえに、必要な材料も非常に少ない。純粋主義者なら、プレーンのフムスにオリーブオイルをかけて、温かいピタと一緒に食べればいい。フレーバーのついたものが好きな人なら、ビーツやターメリックなどを加えることもできる。あなた好みのフムスを、どうぞ召し上がれ。

謝辞

最初に、本書の出版を可能にしてくれた、マイケル・リーマン、アンドリュー・スミス、エイミー・サルターおよびリークション・ブックスのチーム全員に大変感謝している。また、親切にも、とりわけ中世アラブの料理本や、今日私たちが知っているフムス・ビ・タヒナに関する専門知識を惜しみなく提供してくれたチャールズ・ペリーにも感謝を捧げたい。クラウディア・ローデンの著作はすべて、長年にわたる私の研究・調査に刺激を与えてくれた。彼女の、学術的な食物史と個人的な料理体験を組み合わせる力と、実用的なレシピをつくる能力は文字どおり抜きん出ている。

私の両親ラルフとローズマリー・プブリコーファーと、友人のロバート・ジーベン＝テイトにも感謝している。本書の原稿を読んで、多くの有用な見解とコメントを返してくれてありがとう。ナム・スティッブとオーナン・ローテムも、フード・スタイリング用の陶磁器と、原稿の編集に関するアドバイスを提供してくれた。娘のイラとアマリア。時間を見つけては本を執筆し、調査という名目でひたすらフムスを食べる私を大目に見てくれてありがとう。そして最後に、パートナーのリアンに最大の感謝を捧げたい。このプロジェクトを構想段階から支え、本書を執筆するよう私を励ましてくれた。そして構造設計から内容の改善まで、すべての段階で協力を惜しまず、テキストに添える美しい原画像も提供してくれた。彼と2人で取り組むプロジェクトとして、これほどふさわしいプロジェクトは思いつかない。普段、キッチンでは私が好き勝手に振る舞っているが、フムスは2人で一緒につくっている。

訳者あとがき

ひよこ豆とタヒニ、レモン、ニンニクを使ってつくるフムスは、レバント地方発祥の料理だ。日本でも、最近はスーパーやカフェで目にするようになったが、実際に食べたことのある人はどれくらいいるのだろうか？　まだそれほど多くはないと思う。じつは私も、本書を訳す機会をいただくまでは、フムスというものをほとんど知らなかった。そこで、まずは著者の大好きだという「本場のできたてのフムス」を試してみようと、都内のレバノン料理店へと向かった。

注文したのは、代表的な中東料理の盛り合わせだ。ひよこ豆とタヒニの「フムス」、焼きナスとタヒニのピューレ「ムタバル」、ひよこ豆のコロッケ「ファラフェル」をはじめ、本書でも紹介されている6種の定番料理にピタが添えられていた。たしかにおいしかった。とくにフムスとムタバルは、食感と風味のバランスが絶妙だ。だが、残念ながら（当たり前だが）アルコール類の提供は一切ない。お酒と一緒にニンニクの効いたフムスを味わいたいという方は、イスラエル料理店に行けば、現地のワインやビールと一緒にフムスを堪能することができる。

本書『フムスの歴史 *Hummus: A Global History*』は、イギリスのReaktion Booksが刊行している The Edible Series の一冊であり、このシリーズは、2010年に料理とワインに関する良書を選定するアンドレ・シモン賞を受賞している。著者のハリエット・ヌスバウムは、イギリス在住のライターで、とくに古代世界の食文化に造詣が深い。

本書にも書かれているように、フムスの起源については諸説がある。レバノンとパレスチナは、それをめぐって長いこと熾烈な戦いを繰り広げてきた。いわゆる「フムス戦争」だ。2009年10月、レバノンがこの争いに決着をつけようと重さ2トンのフムスをつくってギネス記録を打ち立てると、翌2010年1月にはイスラエルにあるアラブ人の村アブゴッシュが4トンのフムスをつくってタイトルを奪取。するとレバノンがすかさず同年5月に10トンのフムスで世界一の座を取り戻した。一番大きなフムスをつくった方が本家というわけでもないだろうが、この巨大フムスの制作にあたったイスラエル人シェフ、ジャワダト・イブラヒムの「いつの日か平和が実現したら、1万トンのフムスをつくって、中東全体で分け合いたい」という言葉はとても印象的だ。

いずれにしても、これだけ本家争いが過熱するのも、フムスがレバント地方全域で愛され食されてきた食品である証だ。おいしくて、安価で、栄養価に富む、食物由来の国民的ソウルフード――日本だと、さしずめ納豆といったところだろうか。もっとも納豆が、フムスのような世界規模のトレンドになったり、本家争いを引き起こしたりするとは思えないが。

ある調査会社の市場レポートによると、世界のフムス市場は2021年の約30億ドルから2028年には70億ドル近くに成長すると予測されている。調査会社によって数値にばらつきはあるものの、今後2ケタの高い成長率で拡大していくという点では、どこも見解が一致している。ライフスタイルの変化による健康志向や、環境保護の必要性に対する意識の高まりによる、植物性タンパク質に対する需要の増加が、ミネラル、タンパク質、食物繊維を多く含むフムスの市場成長を加速させているのだ。

巻末のレシピ集には、中世のフムスから、いくつかのバリエーション、そしてフムスを使ったデザートまで、ひよこ豆と身近な食材を使った簡単な調理法が載っている。家庭でできたてのフムスを食べてみたいと思われる方は、ぜひ試していただきたい。

本書の訳出にあたっては、原書房の大西奈己さん、株式会社リベルのみなさんに大変お世話になりました。この場を借りてお礼申し上げます。

2023年11月

小金輝彦

ハリエット・ヌスバウム（Harriet Nussbaum）
古代世界の食文化について幅広く執筆している。ブリストル在住。

小金輝彦（こがね・てるひこ）
英語・仏語翻訳者。早稲田大学政治経済学部卒。ラトガース大学ビジネススクールにてMBA取得。訳書に『シャドウ・ウォー』『世界の奇習と奇祭』（ともに原書房）、『世界の廃墟島』（日経ナショナル ジオグラフィック）、『巨大テック企業無敵神話の嘘』（CCCメディアハウス）、『世界で勝てない日本企業』（共訳、幻冬舎）などがある。

注

1 ひよこ豆とタヒニの出会い

1 Christopher Cumo, *Foods That Changed History: How Foods Shaped Civilization from the Ancient World to the Present* (Santa Barbara, ca, and Denver, co, 2015), p. 70.

2 Charles Perry has shared this theory with me in personal correspondence.

3 Charles Perry, *Scents and Flavors: A Syrian Cookbook* (New York, 2017), pp. 129–30.

4 Charles Perry, 'The Description of Familiar Foods', in Maxime Rodinson, A. J. Arberry and Charles Perry, *Medieval Arab Cookery* (Devon, 2001), p. 383.

5 Lilia Zaouali, *Medieval Cuisine of the Islamic World* (Berkeley, ca, 2007), p. 65.

6 See Diana Spechler, 'Who Invented Hummus?', www.bbc.com (12 December 2017).

2 家庭のフムス

1 Mohammad Orfali, 'Hummus Has Its Memories', in Ariel Rosenthal, Orly Peli-Bronshtein and Dan Alexander, *On the Hummus Route* (n.p., 2019), p. 385.

2 Anissa Helou, 'Hommus Khawali', www.anissas.com, accessed 18 August 2011.

3 Farouk Mardam-Bey, 'The Only Important Question to Ask', in Rosenthal et al., *On the Hummus Route*, p. 383.

4 Helou, 'Hommus Khawali'.

5 Deb Perelman, 'Ethereally Smooth Hummus', www.smittenkitchen.com, 8 January 2013.

6 Nof Atamna-Ismaeel, 'The Joy of Growing Chickpeas', in Rosenthal et al., *On the Hummus Route*, p. 271.

7 Orfali, 'Hummus Has Its Memories', p. 386.

8 Nada Saleh, *New Flavours of the Lebanese Table* (London, 2007), p. x.

9 Mousa Tawfiq, 'A Poor Man's Kebab', in Rosenthal et al., *On the Hummus Route*, p. 77.

3 フムスの普及

1 Katy Salter, 'The British Love Affair with Hummus', www.theguardian.com, 7 August 2013.

2 Tom De Castella, 'How Hummus Conquered Britain', www.bbc.com, 7 October 2011.

3 Elizabeth David, A Book of Mediterranean Food (London, 1950), pp. 152–3.

4 Claudia Roden, A Book of Middle Eastern Food (London, 1968), pp. 83–4.

5 Claudia Roden, 'London's Mongrel English Cuisine', aa Files, 49 (Spring 2003), p. 68.

6 Joan Nathan and Judy Stacey Goldman, The Flavor of Jerusalem (Boston, ma, and Toronto, 1974), p. 46.

7 'Happy Birthday Houmous!', www.waitrose.com, 25 April 2018.

8 Felicity Cloake, 'Dip Back In: Beat the Hummus Crisis with this Quick Recipe', www.theguardian.com, 26 April 2017.

9 De Castella, 'How Hummus Conquered Britain'.

10 Justin R. Silverman, 'Hummus's Quest to Conquer America, One Mouth at a Time', www.today.com, 20 April 2016.

11 Scott Goodson, 'The Surprising Rise of Hummus in America', www.huffpost.com, 5 June 2015.

12 Deb Perelman, 'Hummus Heaped with Tomatoes and Cucumbers', www.smittenkitchen.com, 18 July 2017.

13 Silverman, 'Hummus's Quest to Conquer America, One Mouth at a Time'.

4 戦争とフムス

1 Ari Ariel, 'The Hummus Wars', *Gastronomica*, xxii/1 (Spring 2012), p. 37.

2 See Ronald Ranta and Yonatan Mendel, 'Consuming Palestine: Palestine and Palestinians in Israeli Food Culture', *Ethnicities*, xiv/3 (June 2014), p. 422.

3 Quoted in Ariel, 'The Hummus Wars', p. 34.

4 Quoted ibid., p. 41.

5 Quoted ibid., p. 38.

6 Quoted ibid.

7 Ibid., p. 39.

8 Yotam Ottolenghi and Sami Tamimi, *Jerusalem* (London, 2012), p. 16.

9 Ibid.

10 Diala Shaheen, 'About', www.thehummustheory.com.

11 Ariel Rosenthal, 'Hummus and Me – It's Personal', in Ariel Rosenthal, Orly Peli-Bronshtein and Dan Alexander, *On the Hummus Route* (n.p., 2019), p. 168.

12 Ibid., p. 169.

13 Quoted in Ariel, 'The Hummus Wars', p. 36.

5 フムス世代

1 Yotam Ottolenghi, 'Yotam Ottolenghi's Hummus Recipes', www.theguardian.com, 7 July 2018.

2 Nigella Lawson, *Nigella Kitchen: Recipes from the Heart of the Home* (London, 2010).

3 Karim Haidar, 'Hummus Without Borders', in Ariel Rosenthal, Orly Peli-Bronshtein and Dan Alexander, *On the Hummus Route* (n. p., 2019), p. 351.

4 Liel Leibovitz, 'Chocolate Hummus? Have You No Shame?', www.tabletmag.com, 21 February 2018.

5 Anna Jones, *A Modern Way to Eat* (London, 2014), pp. 62–3.

6 Tom De Castella, 'How Hummus Conquered Britain', www.bbc.com, 7 October 2011.

レシピ集

以下のレシピにはそれぞれ、調理済みのひよこ豆が約500グラム（3カップ）必要となる。乾燥ひよこ豆を使って準備するには、前日の晩に225グラム（1 1/4カップ）のひよこ豆を、水を張った大きめのボウルに浸しておく。翌日、水を切ったひよこ豆を洗ってから大きい鍋に入れ、小さじ1/2の重曹を加えて、ジュージューと音がするまで、かき混ぜながら数分間、強火にかける。次に、ひよこ豆が十分に浸かるよう1リットル（4 1/4カップ）の水を鍋に加え、沸騰したら弱火にしてコトコト煮る。ひよこ豆がちょうどいい柔らかさになるには30分程度かかるが、調理に要する時間は変わることがあるので、こまめにチェックしたほうがいい。ひよこ豆が十分柔らかくなったら、水気を切る。煮汁はあとで使うので取っておく。煮ているあいだに皮はほとんど緩んでいるので、簡単に取り除けるだろう（皮をすべて取り除くかどうかは好みによる。私は残しておくほうが好きだ）。

時間が足りなかったり、乾燥ひよこ豆が戸棚や貯蔵室に見当たらなかったりする場合は、ひよこ豆の缶詰か瓶詰がふたつあれば代用できる。中身を（なかに入っている水と一緒に）鍋にあけ、少量の水を加えて、完全に柔らかくなるまで弱火で10分程度煮てから水を切る。煮汁はとっておく。覚えておいてほしいのは、缶詰や瓶詰のひよこ豆には塩が含まれているということだ。それらを使う場合は、レシピに書かれている塩を減らす、なんならまったく入れないほうがいい。

タヒニを使うレシピに関しては、軽めのもの（水気が多く風味がマイルドなもの）を使うことをお勧めする。よくわからないときは、とりあえずレバノン製を選んでおこう。未開封のタヒニの容器は逆さまにして保存するといい。濃厚なゴマペーストは油と分離する傾向があるからだ（使用前は十分にかき混ぜる必要がある）。容器の底に、非常に濃くて固いタヒニ・ペーストが残ったら、それを使って即席のハルバをつくることができる。その濃いタヒニに、デーツシロップ（あるいはほかの甘味料）と、ひとつまみのバニラビーンズを加えて、よくかき混ぜてから平らに延ばして冷蔵庫に入れるだけだ。

このひよこ豆を全部使うと、普通サイズの深皿3、4杯分のフムスができるので、ディナーの一品として、あるいはさまざまなメゼの一部になる。とはいえ、このレシピに書かれている分量は、必要に応じて加減してもかまわない。

材料の分量はあくまで目安なので、厳密に従う必要はない。要するに、フムスは個人の好みに合わせてつくればいいも

のなので、味見をしながら風味を整えることが重要だ。

……………………………………………

◉フムス・カサ

最初の2つのレシピは、第1章で紹介した中世のものだが、私は自分の解釈にもとづいて分量を書き加え、ローズヒップや刻んだルー（ヘンルーダ）といったよくわからない材料は割愛している。レモンピクルスは、デリや専門食料品店で入手できるはずだ。スパイスや調味料の分量は、お好みで自由に変えていただいてかまわない。

調理済みのひよこ豆…500g（3カップ）
クルミ…100g（1カップ）
コリアンダーシード…小さじ1
キャラウェイシード…小さじ1
タヒニ…小さじ4
ワインビネガー…小さじ4
レモンジュース…小さじ3
パセリ…小束1
ミント…小束1
オリーブオイル…小さじ1
シナモン…小さじ1
挽きコショウ…小さじ1
ショウガ…小さじ1
レモンピクルス…2
ピスタチオ…50g（$^1/_2$カップ）

1. 丸のままのひよこ豆をいくつか取りのけておき、残りをおたまでつぶすかフードプロセッサーでピューレ状にしてから、大きめのボウルに入れる。
2. クルミ、コリアンダーシード、キャラウェイシードを鍋で軽く炒めてから、すりこぎとすり鉢で粉々にして（あるいはフードプロセッサーですりつぶして）、1のボウルに加える。
3. タヒニ、ヴィネガー、レモンジュースを加えて、よくかき混ぜる。
4. 次に、新鮮なハーブをみじん切りにする。パセリを少し取りのけておき、残りをひよこ豆のボウルに加え、オリーブオイルと一緒に混ぜる。
5. レモンピクルスを細かく切ってボウルに加え、よくかき混ぜる。
6. フムス・ビ・タヒナよりも固めのものができる。全部をパテのように皿に盛って、好きなだけオリーブオイルで風味を加え、ピスタチオのみじん切りをふりかける。
7. 取り分けておいた丸のままのひよこ豆と、パセリのみじん切りもふりかける。お好みで少量のシナモンパウダーをまぶしてもいい。
8. 堅焼きのパンに厚めに塗って出す。

……………………………………………

◉ショウガとシナモンで風味づけした13世紀のひよこ豆

フムス・カサとは違い、この中世のレシピにはタヒニは登場しない。だが、現在の私たちが食べているフムス・ビ・タヒナと同じように、ひよこ豆はなめらかなディップのようなピューレ状で、パンやほかの食べ物との相性がいい。

調理済みのひよこ豆…500g（3カップ）
ワインビネガー…小さじ2
シナモン…小さじ2
挽きコショウ…小さじ2
レモンピクルス…4
パセリ…小束1
ミント…小束1
オリーブオイル（つけ合わせ用）

1. ひよこ豆を、少量の煮汁を加えてフードプロセッサーかミキサーでピューレ状にして、大きめの皿にあける。
2. ビネガー、スパイス、追加の煮汁を加えてかき混ぜ、なめらかでクリーミーなものにする。
3. レモンピクルスの皮を丁寧にそぎ落とし、果肉を刻んで、ひよこ豆の皿に加える。
4. 次に、新鮮なハーブも細かく刻んで加える。
5. 最後に、できたピューレをスプーンの背で皿の端に塗り、オリーブオイルで軽く風味をつける。
6. ディップとして温かいパンと一緒に出す。

………………………………………………

◉タヒニとひよこ豆でつくる昔ながらのフムス

このレシピは、クラウディア・ローデンとヨタム・オットレンギのものを参考にしている。だが実のところ、シンプルなフムスをつくるときは、味や風味を確かめながら、自分の好みに合わせて調整すればいい。個人的には、なめらかでクリーミーなフムスが好きなので、タヒニとレモンをたっぷり使い、ニンニクを控えめにしている。だが、そうした比率をいろいろと自由に試してみて、自分にとって最高のフムスを見つければいいのだ。このための最善の方法は、材料を少しずつ加えていき（たとえば、レモン1個とニンニク1片から始める）、ちょうど自分の好みになるまで味を調整していくやり方だ。

調理済みのひよこ豆…500g（3カップ）
タヒニ…200g（1カップ）と小さじ2
レモン…1～2個
ニンニク…1～2片
塩
コショウ
パセリ…少々
オリーブオイル

1. まず、仕上げにふりかけるひよこ豆を数粒取りのけておく。
2. 次に、小さめのボウルにタヒニを小さじ2杯とり、少量の水とレモンの絞り汁を加えてよく混ぜる。
3. タヒニは色が淡くクリーミーになる。仕上げに上からかけられる程度には水気がなくてはならない。
4. タヒニの入ったボウルを傍らに置き、残りのひよこ豆を、レモン1個分のしぼり汁、ニンニク1片、塩ひとつまみ、ひよこ豆の煮汁少々とともにミキサーにかける。なめらかになったら、さらに大目のタヒニと煮汁を加え、全体がなじむまで再度ミキサーで混ぜる。

5. 味見をして、固さを確かめる。濃厚だが、クリーミーでなければならない。このとき、お好みでニンニク、レモン、塩、煮汁を加え、全体がなめらかになるまでふたたびミキサーにかける。
6. フムスを室温のまま深皿の底面と側面の周囲に塗り、真ん中に空洞を残しておく。
7. オリーブオイルで自由に風味をつけ、ひよこ豆を散らし、薄めたレモンタヒニをかけて、トウガラシと刻んだパセリを加える。
7. 温めたピタかその他のフラットブレッドと、生野菜や野菜のピクルスと一緒に食べる。

フムスをもっとボリュームのある食事にしたいなら、ひよこ豆とタヒニに加えて、4つ切りにした固ゆで卵をトッピングしてもいい。また、簡単においしくできる方法として、混ぜる段階で、パセリの小束を（葉をみじん切りにして）フムスに加えることもお勧めする。ナダ・サレハは、甘めのフムスには、レモンの代りに絞ったオレンジかクレメンタイン、とくに香りの際立つセビル・オレンジを使うよう推奨している。そして、フムス料理にもう少し歯応えと新鮮さを加えたいときは、刻んだトマト、キュウリ、パプリカ、ダイコンをオリーブオイル、レモン汁、ひとつまみの塩であえたレバント・サラダを添えれば、まず間違いない。

……………………………………………

◉ムサバハ／マシャウシャ

フムスのバリエーションのひとつともいえるこの料理は、レバント地方でとりわけ人気が高く、自宅で簡単に調理できて、どんな時間にでも食べられる。ひよこ豆は、フムスをつくるときより若干硬めにする必要がある。このレシピでは、ひよこ豆はほとんど丸のまま使い、ピューレにするのはほんの少しだからだ。この料理は温かいまま、レモン風味のタヒニソースと一緒に供される。

調理済みのひよこ豆…500g（3カップ）
タヒニ…150g（3/4カップ）
レモン…1個
ニンニク…1片
クミン…小さじ1
塩
パセリ…少々
コショウ
オリーブオイル

1. まず、少量のフムスをつくるために、調理済みのひよこ豆125g（3/4カップ）を取りだし、残りをあとで使うためにとっておく。
2. 1で取りだしたひよこ豆を、タヒニ50g（1/4カップ）、レモン1/2個分のしぼり汁、ニンニク1/2片、クミン、ひとつまみの塩、少量の煮汁と混ぜる。味と粘度を確かめたら、できたフムスを傍らに置いておく。
3. 残っている100gのタヒニを、レモン1/2個分のしぼり汁、ニンニク1/2片をつぶしたもの、なめらかでクリーミーな（そして比較的水気のある）タヒニソースをつくるのに十分な水と混ぜる。
4. 食べるまでにひよこ豆とフムスが冷

めてしまった場合は、出す前に少し温めるといい。

5. 温かいフムスをスプーンですくって、それぞれの皿に盛り、丸のままのひよこ豆をたっぷりと加えて、それを覆うぐらいタヒニソースをかける。
6. 最後に、オリーブオイルで風味をつけ、刻んだパセリを散らし、トウガラシをふりかける。
7. ピタ、あるいはフムスをすくうのに適したほかのパンと一緒に供する。

……………………………………………

◉バターナッツ・スクワッシュとニゲラシードのフムス

私は、味のついたフムスを家でつくることはめったにないが、カボチャの素朴な香りはひよこ豆（とタヒニ）との相性が抜群にいい。ニゲラシードは、ここではちょっと意外な要素だが、淡いオレンジ色をしたフムスの上に散らすとなかなか絵になる。バターナッツ・スクワッシュが手に入らないときは、ローストしたカボチャやニンジン、あるいはサツマイモでも代用できる。

バターナッツ・スクワッシュ…1個
調理済みのひよこ豆…500g（3カップ）
ニンニク…1～2片
レモン…1～2個
ニゲラシード…小さじ2
塩
タヒニ…200g（1カップ）
オリーブオイル
パセリ…少々

1. バターナッツ・スクワッシュの準備に取りかかる。皮をよく洗って薄切りにし（種は取り除く）、ベーキングトレイに並べる。オリーブオイルをふりかけ、オーブンを190℃くらいに設定し、柔らかくなって端に軽く焦げ目がつくまで焼く（20分から30分ほどかかる）。
2. フムスに混ぜ入れるのに、ローストしたスクワッシュが200g（1カップ）と、トッピング用に数切れが必要となる。残ったスクワッシュはほかの料理に使えるかもしれない。
3. ひよこ豆は、トッピング用にいくつかとっておき、残りをレモン1個分のしぼり汁、ニンニク1片、ローストしたバターナッツ・スクワッシュ200g（1カップ）、ニゲラシード小さじ1杯、塩ひとつまみ、少量のひよこ豆の煮汁と一緒にミキサーに入れる。
4. よく混ざってなめらかになるまでミキサーにかける。タヒニと水を加えて、再度ミキサーで混ぜる。味と固さを確かめ、好みに合わせて調整する。
5. 昔ながらの方法で、皿の縁に沿って延ばしオリーブオイルをかける。丸のままのひよこ豆、小さく切ったロースト・スクワッシュを数切れ乗せてパセリを散らし、さらにもう少しニゲラシードをふりかけよう。

……………………………………………

◉メープル・バニラ・フムス

「デザート・フムス」の流行に沿って、私が考案した甘いフムスのレシピを紹介したい。メープルシロップ、バニラ、カシューバター、レモンゼストを使ったもので、味と食感はヴィーガン・チーズケーキに似ている。このフムスは、プレーンの甘いビスケットの上にたっぷりと塗り、ラズベリーをいくつかトッピングするのが最もおいしい食べ方だ。

調理済みのひよこまめ…500g（3カップ）
メープルシロップ…75ml（$^1/_4$カップ）
バニラパウダー…小さじ$^1/_2$
レモン1個分のしぼり汁とレモン$^1/_2$個分のゼスト
タヒニ…150g（$^3/_4$カップ）
カシューバター…50g（$^1/_4$カップ）

1. ひよこ豆を、メープルシロップ、バニラ、レモンのしぼり汁とゼスト、水と一緒にミキサーに入れる。なめらかになるまで混ぜてから、タヒニとカシューバターを加えて、ふたたび混ぜ合わせる。固すぎるようなら水をもう少し加える。
2. できたフムスは、供するまで冷蔵庫に入れておく。

◉アクアファバ：フムスの副産物

ひよこ豆の煮汁（あるいはひよこ豆の缶詰や瓶詰の汁）はアクアファバ（ラテン語のアクア=水と、ファバ=豆から）として知られていて、それ自体がひとつの食材だ。ほかの豆類の缶詰の汁もアクアファバとして使われることはあるが、ひよこ豆のものが最もできがよくなる。上記のフムスのレシピでは、ひよこ豆とタヒニを混ぜたものを薄めるのにアクアファバを使っているが、この風味豊かな煮汁は炭水化物とタンパク質の含有量が多いので、ほかにも多くの用途がある。アクアファバはヴィーガン料理や卵を使わない料理で、近年は卵白の代替品として人気が高い。メレンゲ、マカロン、ムース、マシュマロ、マヨネーズ、ワッフル、アイスクリーム、ブラウニー、クッキーなどに、卵の代わりとして使われている。フードブログやヴィーガン料理の本にも、アクアファバを使ったレシピがたくさん出てくるので、気に入ったものがすぐに見つかるはずだ。最大のメリットはもちろん、それまで捨てられていた食材のアクアファバが、無駄をなくしたごみの出ないキッチンの実現に大きく貢献している点だ。

参考文献

Morrison, Toni, *Song of Solomon* (New York, 1977)（『ソロモンの歌』、金田眞澄訳、早川書房）

Neruda, Pablo, *All the Odes: A Bilingual Edition*, ed. Ilan Stavans (New York, 2017)

Pollan, Michael, *Omnivore's Dilemma* (New York, 2006)（『雑食動物のジレンマ』、ラッセル秀子訳、東洋経済新報社）

Recinos, Adrian, *Popul Vuh: A Sacred Book of the Ancient Quiche Maya*, trans. Delia Goetz and Sylvanus G. Morley (Norman, OK, 1950)

Rowling, J. K., *Harry Potter and the Philosopher's Stone* (London, 1997)（『ハリー・ポッターと賢者の石』、松岡佑子訳、静山社）

—, *Harry Potter and the Chamber of Secrets* (London, 1998)（『ハリー・ポッターと秘密の部屋』、松岡佑子訳、静山社）

Saki (H. H. Munro), *Humor, Horror, and the Supernatural: 22 Stories by Saki* (New York, 1977)

Smith, Andrew F., *Eating History: Thirty Turning Points in the Making of American Cuisine* (New York, 2009)

—, *Sugar* (London, 2015)（『砂糖の歴史』、手嶋由美子訳、原書房）

Snyder, Harry, and Charles Woods, 'Cereal Breakfast Foods', U.S. *Department of Agriculture Farmers' Bulletin*, no. 249, United States Department of Agriculture (Washington, DC, 1906)

Xueqin, Cao, *Hung Lo Meng, or, The Dream of the Red Chamber*, trans. H. Bencraft Joly (Hong Kong, 1892)（『紅楼夢』、伊藤漱平訳、平凡社）

Zabinski, Catherine, *Amber Waves: The Extraordinary Biography of Wheat, from Wild Grass to World Megacrop* (Chicago, IL, 2020)

写真ならびに図版への謝辞

著者と出版者より、図版の提供と掲載を許可してくれた以下の関係者にお礼を申し上げる。一部の作品の所蔵場所についても、簡潔に以下に記しておく。

Photo Anwar Amro/afp via Getty Images: p. 87; Biblioteca Estense, Modena/World Digital Library (wdl): p. 24; Bibliothèque nationale de France, Paris (Supplément Persan 1113): p. 36; Everett Collection Inc/Alamy Stock Photo: p. 84; Hellenic Institute for Byzantine and Post-Byzantine Studies, Venice (Ven. Inst. Gr. 5, fol. 91r): p. 17; photo levarTravel/Unsplash: p. 101; The Metropolitan Museum of Art, New York: pp. 30, 37; Nationaal Archief, The Hague: p. 72; The National Photo Collection, Government Press Office Photography Department, Jerusalem: p. 91; The New York Public Library: p. 15; photos Harriet Nussbaum: pp. 10, 12, 22, 52, 54, 67, 78, 95, 104, 111, 115, 116, 122; Österreichische Nationalbibliothek, Vienna: p. 17; private collection: p. 31; photos Shutterstock.com: pp. 4 (Anna_Pustynnikova), 14 (Peter Hermes Furian, top), 14 (oksana2010, foot), 20 (Tukaram.Karve), 24 (Neshama Roash), 33 (vetre), 47 (ozMedia), 49 (cihanyuce), 51 (Bhagith), 56 (MikeDotta), 57 (Barnuti Daniel Ioan), 107(Liliya Kandrashevich), 125 (Havryliuk-Kharzhevska); photo Juj Winn/Getty Images: p. 45. Hassan Moussawi (Beyrouthhh), the copyright holder of the image on p. 39, has published it online under conditions imposed by a Creative Commons Attribution 3.0 Unported License. Eitan Ferman, the copyright holder of the images on pp. 46 and 81; Itzuvit, the copyright holder of the image on p. 63; and News From Jerusalem, the copyright holder of the image on p. 60, have published them online under conditions imposed by a Creative Commons Attribution-ShareAlike 3.0 Unported License. Readers are free to: share — copy and redistribute the material in any medium or format; adapt — remix, transform, and build upon the material for any purpose, even commercially. Under the following terms: attribution — you must give appropriate credit, provide a link to the license, and indicate if changes were made. You may do so in any reasonable manner, but not in any way that suggests the licensor endorses you or your use; share alike — if you remix, transform, or build upon the material, you must distribute your contributions under the same license as the original.

Hummus: A Global History by Harriet Nussbaum
was first published by Reaktion Books, London, UK, 2021, in the Edible series.

「食《しょく》」の図書館《としょかん》

フムスの歴史《れきし》

●

2023年12月25日　第1刷

著者……………ハリエット・ヌスバウム
訳者……………小金輝彦《こがねてるひこ》
装幀……………佐々木正見
発行者……………成瀬雅人
発行所……………株式会社原書房

〒160-0022 東京都新宿区新宿1-25-13
電話・代表03(3354)0685
振替・00150-6-151594
http://www.harashobo.co.jp

印刷……………新灯印刷株式会社
製本……………東京美術紙工協業組合

ISBN 978-4-562-07355-9, Printed in Japan